한일회담

동북아역사재단
교양총서 26

한일회담
韓日會談

이원덕 지음

동북아역사재단
NORTHEAST ASIAN HISTORY FOUNDATION

간행사

　우리나라를 둘러싼 동북아 지역의 역사 갈등은 여전히 한창이고, 점차 심화되고 있습니다. 우리 동북아역사재단은 2006년에 동북아 지역의 역사 갈등을 미래지향적으로 해결하고, 나아가 역내 평화체제를 구축하려는 목적으로 출범하였습니다. 이때는 항상 제기되고 있던 일본의 역사 왜곡에 더하여 고구려, 발해 역사를 둘러싸고 중국과 역사 분쟁이 일어났습니다.

　한국과 일본 사이의 역사 문제는 19세기 말 일제의 침탈과 식민지배 때부터 있어 왔습니다. 지금도 일제의 식민지배에 대한 진정한 사죄와 일본군'위안부' 문제, 강제동원과 수탈, 독도 영유권 등을 둘러싸고 논쟁과 외교 마찰이 일어나고 있습니다.

　중국은 개혁·개방 이후 급속한 경제발전을 이루면서 체제를 안정시키고 선린외교에 주력하였으나, 주변국과의 관계에서 주도권을 잡고자 하는 과정에서 자연스럽게 역사 문제를 둘러싸고 이웃과 대립하게 되었습니다. 그중 동북3성 지역의 역사에 대해서는 이른바 '동북공정'을 통하여 중국 영토 안에서 일어났던 역사를 모두 자기 역사 속에 편입하고자 함으로써 우리의 고대사(고조선, 부여, 고구려, 발해 등)와 충돌하게 되었습니다.

우리 재단은 이런 역사 현안을 우리 입장에서 연구하면서, 다른 한편으로 우리 국민이나 다른 나라 사람들이 우리의 연구 결과를 같이 공유하고, 이를 쉽게 알 수 있도록 교양 수준의 책을 출간하게 되었습니다. 한·중·일 역사 현안인 독도, 동해 표기, 일본군'위안부', 일본역사교과서, 야스쿠니신사, 고조선, 고구려, 발해 및 동북공정 관련 주제로 우리 재단 연구위원을 중심으로 재단 외부 전문가들로 필진을 구성하였습니다.

모든 국민이 이 교양서들을 읽어 역사·영토 현안을 올바르게 인식하고 나아가 우리가 동북아 역사 갈등을 주도적으로 해결하여 평화체제를 이룩하는 데 주역이 되기를 바랍니다.

동북아역사재단
이사장

책을 내며

한일회담은 1951년 10월 예비회담이 개최된 이래 1965년 6월 한일기본조약 체결에 이르기까지 14년간 이뤄진 한일 간 국교 정상화 교섭을 일컫는다. 이 회담은 교섭 기간 내내 역사 인식의 괴리로 말미암아 여러 차례 중단과 결렬을 반복하면서 파란과 난항으로 점철된 세계 외교사에서도 유래를 찾아보기 힘든 교섭이었다. 이 교섭의 본래 목적은 일본의 한반도에 대한 식민 통치에서 유래하는 모든 문제를 청산·처리하고, 그러한 바탕 위에서 국교 수립을 꾀하는 것이었다. 교섭 결과 양국 간의 '과거사 문제'와 관련된 대립은 한일기본조약과 청구권 협정에 따라 법적으로는 매듭지어졌다.

그러나 1965년 이후 전개된 한일관계를 보면 문제가 그렇게 간단하지 않음을 알 수 있다. 다시 말해 한일관계는 65년의 협정에도 불구하고 '과거사 문제'의 어두운 그림자에서 벗어나기는커녕 시간이 지날수록 '과거사 문제'를 둘러싼 감정적 대립이 더욱 심화·확대되고 있다. 한일관계에서 '과거사 문제'는 예나 지금이나 양국의 우호 협력을 가로막는 가장 커다란 걸림돌이 되고 있다. 1982년, 1987년 그리고 2001년의 역사 교과서를 둘러싼 외교 마찰, 구보다 발언, 오쿠노 발언, 나가노 발언, 와타나베 발언 그리고 에토 발언 등 수많은 역사 망언, 근래 한일관계의 최대 악재인 일본군 '위안부' 문제, 강제동원 노동자 보상 문제 등은 모두 일본의 조선 식민지 통치에 대한 인식 및 평가의 논란과 연결된 문제라고 볼 수 있다.

결국, 일본과의 '과거사 문제'는 현재에도 여전히 살아 있는 외교상 미해결의 현안이며 한일관계를 구속하는 가장 중요한 변수가 되고 있다. 이 책은 이 점에 착안하여 한일관계에 커다란 걸림돌로 작용하는 '과거사 문제'의 근원을 따져 보기 위한 시도로서 한일회담 과정을 면밀하게 고찰하고자 한다. 근래의 한일 '과거사 갈등'의 근저에는 19세기 말부터 시작된 일본 제국주의의 한반도에 대한 일련의 식민화 정책과 1910년의 한국병합 그리고 35년간의 식민 통치라는 쓰라린 역사가 도사리고 있다. 이렇게 볼 때 '과거사 문제'가 끊임없이 발생하는 원점이 일제의 식민 통치와 그에 대한 한민족의 강력한 반감과 저항의식에 있음은 말할 나위도 없다.

그러나 해방 후 한일관계에서 '과거사 문제'의 또 하나의 원점은 한일회담과 그 결과로 체결된 한일기본조약에 있다고 해도 과언은 아닐 것이다. 바꿔 말하면, 전후 '과거사 문제'가 끊임없이 반복되는 것은 한일회담에서 '과거사 문제'와 관련된 문제들이 충분히 청산·처리되지 못했다는 사실에 기인하며, 그런 의미에서 한일기본조약으로 매듭지어진 양국 간의 과거사 처리에는 분명 큰 한계가 존재한다고 볼 수 있다. 따라서 현시점에서 다시금 한일회담 과정에서 과거사 관련 핵심 주제가 한일 양국 간에 어떻게 다루어지고 최종적인 협정 체결에 이르렀는지 그 전말을 꼼꼼히 따져 볼 필요가 있다.

한일회담에서 '과거사 문제'와 직접적으로 관련되는 의제는 기본관계와 청구권 문제이다. 기본관계에서 과거사 처리 문제란, 1910년에 맺어진 한국병합조약과 일본의 조선 식민 통치의 시비를 둘러싼 대립이다. 청구권 문제는 "일본의 통치로부터 이탈된 지역의 시정 당국 및 주민과 일본국 및 일본 국민의 재산청구권 문제는 양자의 특별협약으로 처리한다"라고 규정한 샌프란시스코 강화조약 제4조의 규정에 기반하여 한국 정부가 일본을 상대로 제출한 8개 항목의 「대일 청구권 요강」의 처리를 둘러싼 한일 간 대립을 말한다. 청구권 문제가 물질적인 과거 청산의 영역에 속한다면, 기본관계에서 과거 처리 문제는 정신적인 차원의 과거 청산이라고 할 수 있다. 이 양자는 긴밀한 상호 관련성을 지니고 있으며, 전후 처리에 있어 동전의 양면 관계를 형성하고 있다.

한일회담에서는 기본관계, 청구권 문제 이외에도 어업·평화선 문제와 재일 한국인의 법적 지위 문제 그리고 문화재 반환 문제가 주요 의제로 다루어졌다. 어업 문제의 핵심은 이승만 대통령이 일방적으로 선언한 평화선의 존폐와 그에 따른 해역 설정을 둘러싼 대립 문제이다. 재일 한국인의 법적 지위 문제는 전후 특수한 지위를 지니고 일본에 잔류하게 된 조선인의 법적 지위와 처우 문제를 둘러싼 대립을 일컫는다. 그리고 문화재 반환 문제란 식민지 시대 일본으로 반출된 한국 문화재의 반환 여부 및 범위를 둘러싼 양국 간 갈등을 일컫는다.

이 책은 14년간 이루어진 한일회담 전개 과정을 한국 현대 정치사의 흐름에 따라 이승만 정부 시대, 장면 정부 시대 그리고 박정희 정부 시대의 세 시기로 나누어 분석한다. 분석의 초점은 한일회담의 모든 의제 중에서도 한일 과거사 청산 이슈와 관련된 기본관계와 청구권 문제가 어떻게 논의되고 어떠한 경과를 거쳐 결과적으로 어떻게 처리되었는지를 면밀하게 살펴보고자 한다.

한일회담과 관련한 학술적 연구는 다수 존재한다. 필자는 일찍이 1994년 도쿄대학교 박사학위 논문으로 한일회담을 분석하였고, 학위 논문을 번역하여 1996년에 『한일 과거사 처리의 원점』이라는 책을 출간하였다. 이 책은 어떤 의미에서 그 단행본의 다이제스트 판과 같은 성격을 지닌다고 할 수 있다. 『한일 과거사 처리의 원점』에서는 한일회담에 영향을 미치는 변수를 미국의 동아시아 정책과 한일 양국의 상호 다이너미즘 그리고 양국의 국내 정치라는 복합적인 분석 틀에 입각하여 회담의 구체적인 경과를 실증적으로 분석하였다. 기본적으로 이 책에서는 한일 양국 정부가 35년간의 식민지 청산 문제에 관해 어떠한 태도와 정책으로 임했는지, 또 교섭이 구체적으로 어떻게 진행되었는지에 초점을 맞추어 연구자보다는 일반 독자들이 이해하기 쉽도록 평이하게 서술하고자 했다.

한일회담과 관련해서는 수많은 1차 자료가 존재한다. 무엇보다도 한국 정부가 생산한 3만여 장에 이르는 외교문서가 2005년부터 공개되었고, 일본 정부가 생산한 12만여 장에 이르는 외교사료도 2008년부터 공개되어 이용 가능한 형태로 존재한다. 또한 한일회담 내내 배후에서 혹은 표면적으로 영향력을 행사했던 미국의 역할을 보여 주는 미국 정부 발간 외교문서도 전부 공개되어 이용할 수 있다. 정부의 공문서 외에도 회담 관여자의 기록, 회고록, 구술 기록 등이 열람 가능한 형태로 다양하게 출간되어 있다.

더욱이 한일 양국이 공개한 방대한 외교문서는 동북아역사재단과 국민대학교 일본학연구소의 공동 작업을 통해 『한일회담 일본외교문서 상세목록집』과 『한일회담 외교문서 해제집』 시리즈로 발간되어 연구의 훌륭한 길라잡이 역할을 해 주고 있다. 이 책은 한일회담의 전개 과정을 일반 독자에게 알기 쉽게 설명하는 것을 목표로 집필하였기에 1차 자료의 인용이나 각주 표기를 하나하나 하는 일은 삼갔다. 한일회담과 관련한 국내외의 학술적 연구는 논문이나 저서의 형태로 다수 존재한다. 더 깊이 있는 이해를 위해서는 기존 연구를 참고문헌의 형태로 정리해 두었으므로 참고하면 좋을 것이다.

2022년 6월

이원덕

차례

간행사 4
책을 내며 6

제1장 이승만 정부 시기의 한일회담

대일배상요구조서 16
미국의 알선과 예비회담 개시 23
제1차 회담과 역청구권 공방 30
기본조약을 둘러싼 한일 대립 42
이승만 방일과 한일회담 재개 48
구보다 발언과 회담 결렬 53
역청구권과 구보다 발언의 철회 64
이승만 정부의 한일회담: 개관과 평가 68

제2장 장면 정부 시기의 한일회담

4·19혁명과 제5차 한일회담 76
개인 청구권에 관한 실질적 토의 87

제3장 박정희 정부 시기의 한일회담

군사정권 등장과 일본의 대응	98
김유택 특사의 방일과 청구권 금액 제시	104
제6차 회담 개시와 박-이케다 회담	107
외상 회담(1962.3)의 결렬	114
정치회담 예비 절충	123
김-오히라 메모: 청구권 타결	133
시이나 외상의 '반성' 표명과 기본관계 타결	146
한일조약 체결	157
1960년대 한일회담: 총괄과 평가	164

부록 한일회담 타결 시 채택된 1조약 및 4협정 전문	177
참고문헌	199
찾아보기	201

제1장

이승만 정부 시기의
한일회담

대일배상요구조서

 1948년 8월 15일 한국 정부가 수립되자 정부 내에서는 장래의 대일 회담에 대비하기 위해 필요한 행동을 취해야 한다는 움직임이 태동하였고, 이에 따른 준비 작업이 시작되었다. 이승만 정부는 우리 민족이 35년간 일본의 강점으로 막대한 피해를 받았으므로 정부가 수립된 이상 일본에 대하여 배상을 청구하는 것이 당연하다고 생각하였다. 이승만 정부가 생각했던 배상은 국제법상의 '전쟁 배상'이었다. 당시에는 일본과 강화조약을 체결했던 국가가 없었기에 금후 배상 문제가 어떻게 다루어질 것인지 불투명하였다. 다만 그러한 문제가 구체화될 것에 대비하여 정부로서 준비를 시작하였다.
 이승만 정부는 1949년 2월 대일 강화 준비의 일환으로 '대일

배상청구위원회'를 설치하여 은밀하게 배상 청구 자료를 수집하기 시작하였다. 이 작업은 기획처장인 이순택의 총괄 책임하에 이루어졌다. 그 결과로 만들어진 것이 「대일배상요구조서」이다. 이 조서는 두 권으로 이루어졌는데, 제1권은 1949년 3월 15일에 완성되었다. 그 내용은 1949년 3월 1일 현재 판명된 현물 피해, 즉 지금地金, 지은地銀, 서적, 미술품 및 골동품, 선박, 지도원판 등 일본에 반환을 요구할 현물의 목록이었다. 이승만 정부는 1949년 4월 7일 이 조서를 도쿄의 GHQ 사령부에 보냈으나 GHQ 사령부는 이 문제는 장래 한일 간에 해결하여야 할 문제라는 회답을 보내왔다.

제2권은 같은 해 9월에 완성되었는데 제1권의 현물 피해를 제1부에 포함시킨 다음 제2부부터 제4부까지는 새롭게 작성하여 추가하였다. 그 내용은 '제1부: 현물, 제2부: 전쟁과는 직접 관련이 없는 단순한 채권·채무 관계를 규정한 확정채권, 제3부: 중일전쟁 및 태평양전쟁 중에 한국이 입은 인적·물적 피해, 제4부: 일제가 강제공출 등의 형태로 저가격으로 수탈함으로써 발생한 손해'로 구성되어 있다. 조서의 서문에서는 한국이 대일 배상을 요구하는 정당성의 근거를 다음과 같이 밝히고 있다.

1910년부터 1945년 8월 15일까지의 일본의 한국 지배는 한국 국민의 자유의사에 반한 일본 단독의 강제적인 행위로서 정의, 공평, 호혜의 원칙에 입각하지 않고 폭력과 탐욕의 지배였던 결과, 한국 및 한국인은 일본에 대한 여하한 국가보다 최대의 희생을 당한 피해자인 것이며 "한국 인민의 노예 상태에 유의하여 한국을 자주독립시킬 결의"를 표명한 카이로선언이나 또는 이 "선언의 조항을 이행할 것"을 재확인한 포츠담선언에 의하여 한국에 대한 일본인의 지배의 비인도성과 비합법성은 전 세계에 선포된 사실인 것이다. 대한민국의 대일 배상의 응당성은 다시 의심할 여지가 없는 바 이미 1) 포츠담선언과 2) 연합국 일본 관리 정책 및 3) 폴리 배상사절단 보고에 명시되어 있다는 것을 명백히 하는 바이다. 그러나 우리 대한민국 대일 배상 청구의 기본 정신은 일본을 징벌하기 위한 보복의 부과가 아니고 희생의 회복을 위한 공정한 권리의 이성적 요구에 있는 것이다.

이 조서는 지역적 범위를 38도선 이남에 국한하고 1949년 9월 1일 현재의 시점에서 한국 정부에 의해 조사된 것을 기초로 하여 작성되었다. 정부는 각 부처에 대일 배상 청구에 관한 세목과 그에 대한 증빙자료를 첨부할 것을 지시하였고 그렇게 제출된 세목을 체계적으로 합산하여 작성한 것이 이 조서이다.

그러나 그 증빙자료는 한국전쟁 중에 소실되어 현재는 조서만 남아 있는 상태이다.

이 조서가 제기하고 있는 대일 배상의 항목과 그 근거는 500쪽을 상회하는 방대한 분량으로 서술되어 있으나 그 내용을 조서의 분류에 따라 대별하여 개략적으로 보면 다음과 같다.

우선 첫째로 제1부에서는 '현물'의 반환 요구를 제기하고 있다. 반환을 요구하는 현물은 1) 금·지금 및 금화, 2) 지은, 3) 서적, 4) 미술품·골동품, 5) 선박 등 다섯 항목으로 되어 있다.

둘째로 제2부에서는 '확정채권'으로서 1) 일계 통화, 2) 일계 유가증권, 3) 상해 불화, 4) 보험금, 은급, 기타 미수금, 5) 체신 관계 특별계정 등의 다섯 항목으로 나누어 그 채무를 요구하고 있다.

셋째로 제3부에서는 '중일전쟁 및 태평양전쟁에 기인한 인적·물적 피해'의 배상을 1) 인적 피해, 2) 물적 피해, 3) 8·15 전후 일본 관리의 부정행위에 의한 피해의 세 항목으로 나누어 각각 그 배상을 요구하고 있다. 조서는 인적 피해에 대하여 "본 요구는 일본 정부의 관계 법규와 각종 사업장의 모든 급여 규정에 의한 모든 미수취금과 동원에 의해 받은 당사자 및 그 가족의 피해에 대한 배상을 요구하였다"라고 설명하고 있다. 이어서 물적 피해에 대하여 "전쟁이 격렬해 감에 따라 일군의 병력 보충으로 인하여 기설 병사만으로는 병력을 수용할 수 없어 각처의 대건물(주로 학교 교사)을 병사로 대용하거나 혹은 그 부근에 진지를 축설, 주둔하였던 관계상 이로 인한 건물의 피해 및 물품의 파손, 분실 등 막대한 손해를 입었으므로 이의 원상회복비를 요구한다"라고 근거를 붙이고 있다.

넷째로 제4부에서는 '일본 정부의 저가 수탈에 의한 피해'로서 주로 강제공출에 의한 손해의 배상을 제기하고 있다.

액수를 보면, 제1부의 현물은 별도로 하고 제2부의 확정채권 명목으로 약 170억 엔, 제3부의 전쟁에 의한 피해의 명목으로 약 120억 엔, 제4부의 공출에 의한 피해의 명목으로 약 20억 엔을 각각 산정하고 있어 모두 합쳐서 310억 엔의 배상 청구를 요구하고 있다. 조서에서는 이 청구액을 엔화 기준의 채권으로 표기하고 있는데 한국 측은 이후의 회담에서 명백히 나타나듯이 달러 기준으로 청구하려고 의도하였음이 틀림없다. 즉, 1960년대 초의 제5차, 제6차 회담의 청구권위원회에서 한국 측은 "이 지불은 1945년 당시의 일본 엔 대 미 달러 환율로 환산한 것으로 청구하는 바, 이론적으로는 1945년 8월 9일 현재의 환율을 적용해야 하지만 종전 직후의 개정 환율 15엔 대 1달러로 청구한다"라고 주장하였다.

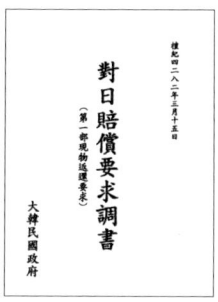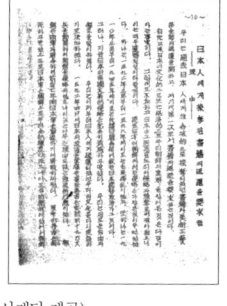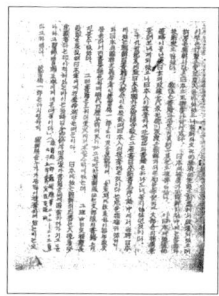

「대일배상요구조서」(동북아역사재단 제공)

이 사실을 고려한다면 조서에서 요구하려고 했던 배상도 미달러를 기준으로 한 것으로 추측된다. 참고로 조서가 제기하고 있는 대일 배상요구액 310억 엔을 종전 직후의 환율 15엔 대 1달러의 기준으로 환산하면 20억 달러를 상회하는 금액이 된다.

「대일배상요구조서」의 내용을 검토해 보건대 이승만 정권이 당초 일본 측에 청구하려고 의도했던 것은 전쟁 배상의 성격이 농후한 것이었음이 명백하다. 대일 배상의 정당성을 밝힌 서문에서 '전쟁 배상'이라는 용어를 사용하고 있지는 않으나, 한국 병합과 일본의 조선 통치 자체가 불법이며 부당하다는 인식 아래 대일 배상을 요구하고 있는 점으로 보아 이승만 정권은 애초 전쟁 배상 성격의 청구를 의도했음을 알 수 있다.

그러나 이러한 초기의 배상 청구는 샌프란시스코 강화조약 참가가 좌절된 1951년 이래 대폭으로 축소 재조정의 과정을 거쳐 청구권 요구로 변화하게 된다. 즉, 1952년 2월 20일 제1차 회담의 청구권위원회 1차 회합에서 한국 측이 제출한 8개 항목의 「대일 청구권 요강」은 1949년에 작성한 「대일배상요구조서」의 내용을 계승하면서도 그 규모와 항목을 대폭 축소 재조정한 것으로 평가할 수 있다.

미국의 알선과 예비회담 개시

한일회담은 당초 미국의 알선으로 개시되었다. 미국이 한일회담 알선에 나선 것은 샌프란시스코 강화조약이 체결되기 직전인 1951년 7월경의 일이었다. 7월에 '강화조약에의 한국 불참 결정'이 정식으로 한국에 전해지자, 이 대통령은 일본과의 직접 교섭을 희망하였다. 이 대통령의 요망은 존 무초John J. Muccio 주한 미국대사를 통해 즉각 국무성에 전달되었다. 국무성은 무초 대사에게 한일회담 개최를 위해 미국이 알선을 고려하고 있다는 회답을 보내왔다.

이 대통령은 강화조약에 의해 일본의 주권이 회복되기 전에 일본과의 직접 교섭을 통해 한일 간의 모든 현안을 해결하는 것이 한국에 유리하다고 판단했기에 회담의 조기 개최를 희망한 것이었다. 7월 20일 이 대통령은 장래 개최될 한일회담의 실무적인 준비 작업을 진행하고자 임송본(조선식산은행 총재)과 유진오를 일본에 파견했다. 이들은 주일 대표부의 고문 자격으로 50일간 도쿄에 체재하면서 한일회담에 필요한 자료 수집과 정세 파악 등의 준비 활동을 전개하였다.

일본은 재일 한국인의 법적 지위 문제를 조기에 해결할 필요성을 느끼고는 있었으나 그 외의 한일 간 현안에 대해서는 강화조약이 발효하여 일본의 주권이 회복된 후에 해결을 꾀하고자 의도하고 있었다. 1951년 9월 25일 연합국 최고 사령부의 윌리엄 시볼드William J. Sebald 외교국장은 일본 정부에 재일 한국인의 법적 지위 문제에 대해서 한국 정부와 10월 8일부터 연합국 최고 사령부의 옵서버 참석하에 협의를 개시하도록 지시하였다. 한국에도 같은 내용의 권고가 전해졌다.

그러나 한국 정부는 아직 회담에 임할 준비가 안 되어 있다는 이유로 회담 개최를 10월 하순으로 연기해 줄 것을 요청하였다. 또한 한국은 회담의 의제에 법적 지위 문제뿐만 아니라 어업 문제, 선박 반환 문제를 포함시킬 것을 요청하였다. 10월 9일 연합국 총사령부는 일본 정부에 각서를 보내 "한국은 한일 간에 존재하는 일체의 현안에 관한 2국 간 교섭을 위해 의제 작성과 교섭 방법의 연구로 토의를 확대할 것을 희망하고 있으며 그를 위해 회담 개시의 연기가 바람직하다고 요망하였다"라는 점을 전하면서 총사령부도 이러한 한국의 의향을 양해하여 "10월 20일부터 회담이 개최되기를 희망한다"라고 통고하였다. 일본은 최고 사령부에 "재일 한국인의 법적 지위에 관해서 토의를 개최할 것에 찬성하며 동 문제의 협의가 종료된 후에 한국이 요망하는 토의에 들어가는 것은 일본으로서도 이의가 없다"라는 의사를 표시하였다.

이러한 경위를 거쳐 최초의 한일회담(예비회담)은 1951년 10월 20일 도쿄의 연합국 최고 사령부 회의실에서 시볼드 외교국장의 입회하에 개최되었다. 한국의 수석대표에는 양유찬 주미대사가, 일본의 수석대표에는 이구치 사다오井口貞夫가 각각 임명되었다. 양유찬 대사의 발탁은 이 대통령의 의표를 찌른 의외의 인사로 받아들여졌다. 양유찬은 오랫동안 미국에 거주하면서 이승만의 항일 독립운동에 협력한 경력의 소유자로서 그것이 계기가 되어 1951년 주미대사에 임명된 인물이었다.

양유찬은 일본어는 물론 일본에 대해서는 전혀 무지한 것으로 알려진 인물이었다. 그러나 그것이 역으로 수석대표에 임명된 중요한 이유이기도 하였다. 즉, 당시 일본은 연합국 총사령부의 보호 아래 있었기 때문에 무엇보다도 사령부와의 의사소통이 대일 교섭을 유리하게 전개해 나가는 데 중요한 요소가

되었다. 이승만은 양유찬의 왕성한 반일 정신과 유창한 영어 실력을 높게 평가하였던 것이다.

14년간의 길고 긴 한일회담의 첫 회합을 고한 것은 시볼드 외교국장의 연설이었다. 시볼드는 "한일 양국은 서로 어둡고 괴로웠던 과거를 잊고 새로운 미래를 창조할 것으로 본인과 연합국 사령부는 기대하고 있다. 회담이 양국 우호의 기초가 되는 성과를 거두기를 요망한다"라고 말했다. 이어서 일본의 이구치 수석대표는 "강화조약 발효와 관련한 재일 한국인의 법적 지위 문제에 대하여 토의할 기회를 갖게 된 것은 다행스러운 일이다. 호양 정신을 살려 회담이 유익한 성과를 거둘 수 있도록 노력하자"라고 간단한 인사말을 하였다. 이에 대하여 양유찬 수석대표는 이 대통령이 미리 작성해 준 원고를 연설하듯 읽어 내려갔다.

우리는 극동의 평화를 원한다. 한일 양국은 이제 선린우호 관계를 맺어야 할 시점이다. 한국은 일본을 침략한 역사가 없지만 일본은 한국을 항상 괴롭히고 침략해 왔다. 일본이 우리에게 얼마나 못된 짓을 자행해 왔는지 당신들은 잘 알 것이다. 학살, 고문, 징용, 공출 등의 폭력과 불법행위는 평화를 사랑하는 한국 민족을 분노케 했다. 그러나 우리는 지난날의 원한을 버리고 모든 문제를 해결함으로써 양국의 새로운 출발을 기하려고 한다. 우리는 지난날 당신들이 저지른 행위에 대해 배상 같은 것을 요구하지도 않겠다. 이제 우리는 화해하자.

이 대통령의 일본 인식이 잘 반영된 발언이었다. 유진오 대표의 회상에 따르면 이 발언을 들은 일본의 치바千葉 교체 수석 대표는 "화해하자Let us bury the hatchet"라는 말에 대해 "화해해야 할 그 무엇이 있나?What is bury the hatchet?"라고 반론을 제기했다고 한다. 유진오는 "말하자면 우리는 이 기회에 한일 간의 누적된 문제를 모두 풀고 양국 간의 국교를 새로운 기초 위에서 출발시키자는 것인데, 이에 반해 일본은 한국에 대해 원한을 산 일이 없다고 말할 만큼 지극히 수동적이고 달갑지 않은 태도였다"라고 회고하였다.

12월 22일 회담이 종료되기까지 이 회담에서는 금후의 회담에서 논의할 의제 설정에 관하여 의견을 교환하였다. 그 내용을 요약하면 다음과 같다. 먼저 재일 한국인의 법적 지위 문제에 관한 분과위원회 설치에 대해서는 이견이 없었다. 또한, 한국 측이 주장했던 선박위원회 설치에 관해서는 애초 일본은 반대 입장을 취하였으나 결국 양보하여 설치에 합의하였다. 당초 시볼드와 약속했던 제2의 의제인 "한일 간에 존재하는 일체의 현안에 관한 교섭의 의제 작성과 교섭 방법 연구"에 관해서는 양국의 의견이 대립하였다. 즉, 한국은 의제를 확대할 것과 즉각 토의를 개시할 것을 주장하였다. 이에 대해 일본은 의제 확대에 부정적인 자세를 보이는 한편, 강화조약 발효 이전에 해결할 수 있는 것은 기본조약 문제 정도이고 그 외의 현안에 대해서는 토의 연기를 주장하였다.

그 결과 양자의 대립은 타협을 보게 되었다. 즉, 의제에 관해서는 한국의 주장대로 '기본관계 수립', '재산청구권 해결', '통상항해조약 체결', '어업협정 체결', '해저 전선 분할', '기타'의 6개 의제를 채택하고 각 의제에 대한 분과위원회 설치에 합의하였다. 회담 일정에 관해서는 일본의 주장이 받아들여져 강화조약이 발효되는 시점인 1952년 2월로 연기할 것에 합의하였다.

제1차 회담의 예비회담에서 양국의 입장 차이가 명확하게 드러났다. 한국은 재일 한국인의 법적 지위 문제 이외의 문제도 의제로 포함하려 했던 반면, 일본은 어디까지나 의제 확대에 부정적인 태도를 보였다. 특히 한국이 회담 의제에 재산청구권 문제를 포함시키려고 최대한의 노력을 집중한 것은 말할 나위도 없다. 또 하나의 뚜렷한 견해차는 한국이 각 현안을 이 회담에서 해결하려고 의도했던 데 반해, 일본은 법적 지위 문제를 별도로 한다면 나머지 현안에 대해서는 일본이 정식으로 주권을 회복할 때까지 실질적인 토의를 가능한 한 연기하려고 하였다.

한국은 일본이 청구권 문제를 비롯한 의제 확대 요구에 소극적이고 현안의 실질적인 토의에도 성의를 보이지 않는 것에 상당한 불만을 지니고 있었다. 이 회담에서 한국의 일본에 대한 핵심적 요구사항은 일본이 과거의 잘못에 대해 사죄와 반성을 표명하도록 하는 것이었다. 즉, 이 대통령은 이 회담의 목적을 "우리 국토에 군대를 파견해 달라는 것이 아니다. 과거의 잘못에 대한 회한과 지금부터는 우리에게 공정하게 대하겠다는 새로운 결의의 구체적이고도 건설적인 증거를 보이라는 것이다"라고 규정하고 있었다.

제1차 회담과 역청구권 공방

재산청구권위원회에서 청구권 문제에 관한 토의가 개시된 것은 1952년 2월 20일이었다. 동 위원회의 제1차 회의에서 한국은 「한일 간 재산청구권 협정 요강 8개 항」을 제출하였다. 그 항목은 다음과 같다.

1) 한국으로부터 가져온 고서적, 미술품, 골동품, 기타 국보, 지도원판 및 지금地金과 지은地銀을 반환할 것.
2) 1945년 8월 9일 현재, 일본 정부의 대對조선총독부 채무를 변제할 것.
3) 1945년 8월 9일 이후 한국으로부터 이체 또는 송금된 금액을 반환할 것.

4) 1945년 8월 9일 현재, 한국에 본사(점) 또는 주 사무소가 있는 법인의 재일 재산을 반환할 것.

5) 한국 법인 또는 자연인의 일본국 및 일본 국민에 대한 일본 국채, 공채, 일본 은행권, 피징용 한인의 미수금 및 기타 청구권을 변제할 것.

6) 한국 법인 또는 한국 자연인 소유의 일본 법인 주식 또는 기타 증권을 법적으로 인정할 것.

7) 위의 재산 또는 청구권에서 생긴 과실을 반환할 것.

8) 위의 반환 및 결제는 협정 성립 후 즉시 개시하여 늦어도 6개월 이내에 종료할 것.

이상의 「한일 간 재산청구권 협정 요강 8개 항」(이하 「8개 항목」)의 요구는 기본적으로는 1949년 대일배상청구위원회가 작성했던 「대일배상요구조서」를 계승한 성격이 농후하다. 하지만 요구 항목의 구성과 내용은 상당 부분 수정을 거쳤다고 평가할 수 있다. 「대일배상요구조서」에 담긴 대일 요구는 한국의 대일 승전국 지위 확보를 전제로 하여 전쟁 배상의 성격을 강하게 띤 요구였던 데 비해, 「8개 항목」 요구는 한국이 강화조약에 서명국으로 참가하지 못하게 된 현실을 염두에 두고 작성된 것이었다. 다시 말해, 「8개 항목」은 전쟁 배상의 성격을 띤 요구라기보다는 민사상의 채권적 요구가 중심 내용을 이루고 있다. 「8개 항목」의 청구권 요구는 기본적으로 전쟁 배상의 성격을 최대한 약화하면서 영토의 분리 내지 독립으로부터 생겨난 재정적, 민사적인 채권·채무의 청산 요구에 초점을 맞춘 것이라 할 수 있다.

「대일배상요구조서」와 「8개 항목」을 상세하게 비교 검토해 보면 다음과 같다. 첫째, 조서의 제1부 현물 반환 요구는 「8개 항목」 요구의 제1항에 그대로 도입되었다. 둘째, 조서의 제2부 확정채권 부분은 「8개 항목」 요구의 제2, 제3, 제4, 제5, 제6항에 각각 계승, 반영되어 나타났다. 그러나 조서의 제3부와 제4부는 사정이 다르다. 조서의 제3부 중일전쟁 및 태평양전쟁에 기인하는 인적, 물적 피해 배상 요구는 상당 부분 삭제되고 인적인 피해 부분의 일부만을 남긴 후 「8개 항목」의 제5항에 부분적으로 반영되었다. 또 제4부 일본 정부의 저가격 수탈에 의한 피해 배상 요구는 「8개 항목」 요구에는 포함되지 않고 완전히 삭제되었다.

1951년 2월 23일 개최된 청구권 분과위원회에서 한국은 「8개 항목」 청구권 요구를 제출한 이유를 다음과 같이 설명하였다.

일본의 조선 영유가 불법이었다는 전제하에 이러한 불법 영유 위에서 축적된 일본의 재산은 비합법적인 성격을 띤 것이다. 따라서 미군정의 법령 제33호 및 한미협정에 따라 일체 이 재산은 한국의 재산이 된 것이다. 일본은 이 재산에 대해 이미 아무런 권한도 갖지 못하게 되었으며 한국 측은 연합국 및 일본에 대하여 배상에 가까운 일종의 요구를 할 수 있다는 견해를 표명하였다.

바꾸어 말해 한국의 「8개 항목」 요구는 다음과 같은 법률적 근거로 성립된 것이었다. 1945년 12월 6일 미군정 법령 제33호 제2조에 의해 "1945년 8월 9일 당시 또는 그 후의 모든 일본국 및 일본인(법인 포함) 재산은 동년 9월 25일 자로 미군정청에 귀속"되었다. 이 재산은 1948년 9월 20일에 발효된 '한미 재정 및 재산에 관한 최초 협정'으로 한국 정부에 이양되었다. 이러한 조치는 샌프란시스코 강화조약 제4조 제2항의 "일본은 전기 前記 재산 처분의 효력을 승인한다"라는 규정으로 최종 확인되었다.

재산청구권위원회에서는 한국의 「8개 항목」 요구를 중심으로 4차에 걸쳐 질의응답 형식의 토의가 진행되었다. 일본은 3월 6일에 열린 동 위원회의 제5차 회의에서 일본의 협정 요강을 제출하였다. 이 요강에서 가장 주목된 것은 한국 내의 재산에 대한 미군정의 처리 효과를 승인한다는 규정이 포함되어 있음에도, 그 승인 범위에 관해서는 국공유 재산에 한정하고 재한在韓 일본인 (민간)재산의 경우는 양국 간 협의 대상으로 해야 한다고 규정한 부분이었다. 일본은 이 요강에서 한국의 대일 청구권 요구에 대항하는 형태로 재한 청구권을 주장한 것이다. 즉, 한국이 일본에 청구권을 요구할 권리가 있다면 일본도 재한 일본인 재산에 대해 그 권리를 주장할 수 있다는 논리를 전개하였다.

일본의 이른바 대한對韓 청구권 주장은 어떠한 근거로 나온 것인가? 일본은 우선 한국의 청구권 주장에 대하여 대일 강화조약 제4조 2항의 "미군정령 및 그 지령에 의해 행하여진 재한 일본 재산 처분의 효력을 승인한다"라는 규정은 국제법상 점령군에 인정되어 있지 않은 처분까지 승인하는 것은 결코 아니라고 주장하며 한국의 조약 해석에 이의를 제기하였다. 다시 말해, 1907년 헤이그에서 조인된 「육전陸戰의 법규 관례에 관한 조약」(헤이그 육전법규) 제46조의 적지敵地 사유재산 불가침의 원칙을 원용하여 "재한 구 일본인 재산은 그 처분에 의해 발생한 대가 및 과실에 대하여 원래의 권리자(일본인)에게 청구권이 남아 있다"라고 주장하였다. 그뿐만 아니라 한국이 이미 그

재산을 이양받아 처분 또는 소유하고 있는 만큼 일본은 당연히 한국에 대해 청구권을 가지고 있다고 강변했다.

한국은 예상외의 이른바 역逆청구권 주장에 대하여 큰 충격과 놀라움을 표시하면서 즉각 반박을 가하였다. 한국 대표단은 일본이 다른 대안을 제시하지 않는 한, 일본의 협정 요강에 대해서는 더 이상의 협의를 계속하여도 아무런 성과가 없을 것이라는 점을 들어 요강 자체를 일축하였다. 재산청구권 회의는 8차례에 걸쳐 계속되었으나 한일 간의 의견 대립은 전혀 해소되지 못한 채로 종료됐다.

결국, 재산청구권 문제를 둘러싼 한일 간의 대립은 제1차 회담이 결렬되는 직접적인 원인이 되었다. 그 밖의 위원회에서 회담에 상당한 진전을 보였음에도 불구하고 일본의 역청구권 주장을 둘러싼 양국의 극단적인 대결로 인하여 회담 전체가 중단되었다. 일본의 역청구권 주장에 대하여 한국의 임송본 대표는 "일본이 비이성적이고 논리에도 합치되지 않는 주장을 하는 것은 회담을 파괴하는 태도이며, 이로 인해 회담이 결렬된다면 그 책임은 전적으로 일본에 있다"라는 최후통첩을 일본에 전달하였다. 이렇게 하여 제1차 회담은 일본의 역청구권 주장에 한국이 강하게 반발함으로써 결렬되는 사태를 맞이하였다.

일본이 법률 해석상의 무리가 있음에도 역청구권 주장을 제기한 데에는 다음과 같은 정치적인 계산이 작용하였다고 생각된다.

첫째, 일본은 한국의 대일 청구권 주장을 상쇄하려는 하나의 수단으로 역청구권 주장을 제기했다고 생각된다. 한국의 청구권 요구가 상당한 거액이 되리라고 예상했던 요시다吉田茂 정부로서는 한국의 주장을 상쇄 혹은 완화시킬 필요성이 있었다. 전후 경제 재건에 전념하고 있던 당시의 일본 정부는 한국이 주장하는 청구권 요구를 수용하여 막대한 금액을 지불해야 할 경우 일본이 겪게 될 엄청난 재정적 부담을 우려하지 않을 수 없었다. 제1차 회담이 개최되기 5일 전인 1952년 2월 10일 『아사히신문』은 청구권 문제에 대한 일본 정부의 자세를 분석하는 다음과 같은 해설 기사를 싣고 있다.

"한국은 일본이 조선에서 발행한 공채, 통화의 보상, 보험료, 우편저금의 지불, 조선은행의 일본 지점에 수십억 달러의 지불을 요구하고 있다. 이에 대해 일본은 조선에서 미군이 행한 일본 재산의 처리 효력은 강화조약 제4조에 의해 일단 인정하더라도 북한에 있던 공장, 댐 등의 일본 재산만으로도 한국의 요구액을 훨씬 상회한다고 주장하고 있으나 결국 쌍방의 권리는 상쇄하여 서로 포기하는 것으로 하고 싶다는 의향을 가지고 있다."

일본으로서는 역청구권 주장에 대하여 한국이 강력하게 반발하리라고 예상했으나 그 반발로 인한 현안 해결의 지연이 일본에 결코 불리할 것이 없다고 판단하였다. 반면 이승만 정부는 1952년 4월 샌프란시스코 강화조약의 비준이 이루어지기 전에, 다시 말해 일본이 미국의 점령하에서 주권이 회복되기 전에 모든 한일 간의 현안이 해결되는 것이 바람직하다고 생각하였다. 이와는 반대로 요시다 정부는 청구권 문제의 해결은 일본이 독립을 달성하여 교섭 지위가 제고된 뒤에 행해도 늦지 않다는 계산에서 회담 결렬을 초래할 수 있는 역청구권 주장을 내세웠다고 볼 수 있다.

  둘째, 일본의 역청구권 주장의 이면에는 일본 국내의 정치적 사정에 대한 배려라는 측면도 있었다고 추측된다. 일본의 대한 청구권 주장은 식민지 시대 조선에서 거주하다가 해방 후 일본으로 건너간 일본인(조선으로부터의 인양자)의 이해관계와 밀접하게 관련되어 있어 일본 정부로서는 이들의 존재를 의식하지 않을 수 없었다. 약 50만 명에 이르는 인양자들은 조선에 있는 자신들의 재산이 일방적으로 몰수된 것은 부당하다고 생각하고 있었기 때문에, 만약 일본 정부가 재한 일본인 재산을 포기한다면 이들이 정부에 책임을 추궁해 오리라는 것은 불을 보듯 뻔한 일이었다. 실제로 많은 일본인이 재한 일본인 재산이 한국에 몰수·이양된 것에 대하여 상당한 저항을 표시하였다. 예를 들면 일본의 패전 직후인 1945년 8월 19일 『경성일보』에는 경성제국대학(구 서울대학교) 야스다安田幹太 교수의 "전쟁은 국가와 국가 간의 행동이므로 사유재산에는 변동을 주지 않는 것이 국제법의 원칙이다"라는 주장이 실렸다. 또 1951년 6월 16일 자의 『동양경제신보』에는 나고야대학 야마시타山下康雄 교수의 "연합국이지도 않은 한국이 재한 일본 재산을 취득하는 것은 불가하다"라는 주장이 게재되었다. 이러한 주장들은 많은 일본인 인양자들이 재한 일본인 재산에 대한 소유권이 여전히 남아 있다는 기대를 하도록 부추기는 역할을 하였다.

한편 이 문제에 관한 국회의 심의 과정을 보아도 사정은 다르지 않았다. 회담이 무기한 연기 상태로 빠지게 된 4월 24일로부터 3주일이 지난 5월 14일에는 중·참의원에서 외무위원회를 개최하여 이 문제를 다루었다. 심의 과정에서 여당은 물론 사회당을 비롯한 야당 의원들조차도 일본 정부의 역청구권 주장에 대해 비판은커녕 전적으로 동조하는 태도를 보였다. 심지어 무소속 참의원 의원인 히라바야시平林太一는 "얼마나 조선을 위하여, 조선 민족을 위하여 한 것이 컸던가. 일화조약 혹은 일한조약이 우리나라가 구속받는, 소위 전쟁에 의해 하나의 처벌을 받는 것과 같은 그러한 성격의 것이 되어서는 안 된다"라고 주장하였다. 전체적으로 보아 일본 정부의 역청구권 주장에 대하여 일본 국내에서의 이론은 거의 제기되지 않았다. 언론이나 사회당의 양 파를 포함하여 일본 국내에서는 정부의 대한對韓 정책에 동조하는 논조가 대종을 이루었다.

셋째, 일본의 역청구권 주장의 배후에는 이 문제에 대한 미국의 명확하고도 분명한 태도 표명이 없었다는 사실이 주목된다. 일본은 제1차 회담 개최를 2개월 앞둔 1951년 12월 일본이 한국에 역청구권을 주장하는 문제에 관한 미국의 견해를 연합국 최고 사령부를 통해 타진하였다. 즉, 동 사령부의 외교국은 마침 도쿄를 방문 중이던 국무성의 프렐라이Arnold Fraleigh에게 일본의 제안에 대해 설명하고 미국의 공식적인 입장을 문의하였다. 그러나 그는 외교국에 평화조약 제4조의 해석에는 서명국의 공식적인 요청이 필요하다는 점을 일본에 전달하도록 권고하고 직접적인 회답은 회피하였다. 이와 같은 미 국무성의 견해가 일본 외무성에 전달되자 일본은 이러한 미국의 유보적인 태도를 볼 때, 일본이 정식으로 조약 해석에 관한 요청을 하지 않는 한, 역청구권 주장이 미국에 의해 억제되지는 않으리라고 판단하였다. 즉, 일본은 미국이 일본의 주장에 대하여 암묵적으로 승인하였다고 받아들이고 제1차 회담에서 역청구권 주장을 제기하였던 것이다.

제1차 회담이 일본의 역청구권 주장(1952년 3월 6일)으로 인해 험악해지는 가운데 한국 측은 3월 20일 미 국무성에 평화조약 제4조의 해석을 정식으로 요청하였다. 이때 연합국 최고 사령부는 국무성에 "일본의 역청구권 주장은 한국의 대일 청구권을 상쇄하려는 교섭 기술이며 제4조에 대한 견해 표명은 늦추는 것이 바람직하다"라고 권고하였다. 국무성도 "한일 간의 청구권 주장은 상쇄되어야 한다"라는 원칙적인 견해를 가지고 있었으나, 당분간은 한일 간 대립에 개입하지 않는 것이 좋겠다는 판단하에 입장 표명을 유보하였다. 4월 일본은 강화조약의 발효와 더불어 주권 회복을 달성하였고, 이와 때를 맞추기라도 하듯이 제1차 회담은 결렬되었다. 결국, 미국은 평화조약 제4조의 해석을 늦춤으로써 한국의 강경한 자세를 완화시키는 동시에 한일 간의 분쟁에 직접적으로는 말려들지 않으려는 의도를 달성하였다.

평화조약 제4조에 대한 미국의 해석이 한국에 정식으로 통보된 것은 일본의 독립이 달성된 다음 날인 4월 29일의 일이었다. 이는 5월 15일 재미 일본대사관을 통해 일본에도 통보되었다. 미국이 양국에 통보한 제4조의 해석 내용은 다음과 같다.

평화조약 제4조 2항 규정의 결과로서 재한 일본 재산은 소멸

하였고, 따라서 일본은 동 재산에 대해서 유효한 청구권을 주장할 수 없다. 다만 재한 일본 재산이 소멸했다는 사실은 동 조약 제4조 1항에 의해 재일 한국 재산의 결정을 행할 때 관련성을 갖는다.

미국은 청구권 문제에 관해서 명백한 입장을 밝히지 않은 채, 한일 간의 청구권 분쟁에 직접적인 개입을 회피하겠다는 소극적인 자세를 취하였다. 위의 해석을 보더라도 미국은 한편으로 일본의 대한 청구권 주장이 원칙적으로 불가하다고 함으로써 한국의 입장을 옹호하면서도 또 한편으로는 한국의 대일 청구권 요구가 재한 일본 재산의 처분과 관련성을 갖는다고 규정함으로써 일본의 청구권 상쇄 주장을 뒷받침하고 있다. 이러한 미국의 애매한 이중적 태도는 한일 양국이 미국의 입장을 자기 편의적으로 해석할 수 있는 여지를 제공하였고, 이는 한일회담의 순항을 막는 한 요인이 되었다. 결국, 미국은 한일관계를 정상화하고자 하는 일관된 정책을 추진하였음에도 불구하고 한일관계에 존재하는 복잡한 갈등 요인을 과소평가한 나머지 그 노력은 실패로 끝날 수밖에 없었다.

기본조약을 둘러싼 한일 대립

제1차 회담에서 한일 양국이 크게 대립한 또 하나의 의제는 기본조약 체결을 둘러싼 문제였다. 기본관계위원회에서 일본은 「한일우호조약 초안」을 제출했다. 이 초안의 전문에서 일본은 조약 체결 목적을 "강화조약의 규정에 따라 한국의 독립을 승인하고 양국의 정치적 독립과 영토보전을 존중하며 양국의 우호와 경제 관계를 유지하는 것"이라고 천명했다. 전문에는 과거 식민지 통치에 관한 사죄나 반성의 표명은커녕 과거에 대한 언급 자체가 없었다.

이 초안에서 일본은 조약 체결과 더불어 외교, 영사관계를 수립할 것(제2조)을 정하고, 제3조에서 양국 간 무역, 해운, 기타 통상에서의 최혜국 대우 권리를 상호 부여하는 '통상항해조약'의 체결을 제안하였다. 이어서 재일 한국인의 국적 및 신분 규정(제4조, 제5조), 양국 재산청구권의 신속한 해결의 원칙(제6조), 해저 전선 설치(제7조), 어업 문제(제8조)에 관한 원칙을 규정하였다.

이 초안과 더불어 일본은 「한일우호조약의 체결 방법을 제안하는 이유」라는 문서를 한국에 제출하였다. 첫 번째 이유로 "새로운 출발을 하는 이 기회에 우호조약을 체결하여 견고하고 영속적인 우호관계 및 경제관계를 유지하는 부동의 기본원칙을 약속하기 위해"라고 설명하고 있다. 두 번째 이유로 "대한민국의 독립으로 인해 발생한 한국인의 국적 변경에 관해 협정을 체결할 필요가 있다"라고 하였다. 세 번째 이유로는 "재산권 및 청구권 처리와 해저 전선의 분할에 관한 사항, 어업협정 교섭의 개시에 관한 사항, 통상항해조약의 개시 및 개시 전의 잠정조치에 관한 사항 등의 해결방침을 규정하는 것"을 들었다.

한국은 이에 대해 불만을 표하고 이의를 제기하는 동시에 「한일 간의 기본조약안」을 독자적으로 제시하였다. 일본의 초안과 한국의 조약안을 비교하여 한일 간의 입장 차를 살펴보면 다음과 같다.

첫째, 일본은 조약 명칭을 "우호조약"으로 하고자 제안한 데 반해 한국은 "기본조약"으로 할 것을 주장하였다. 일본은 양국

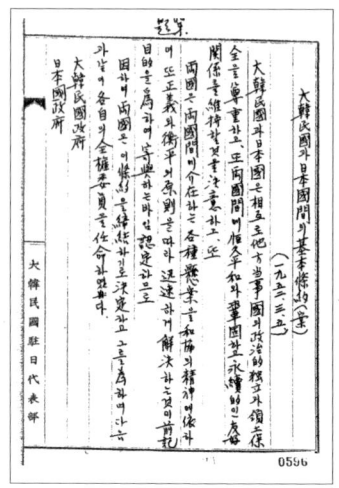
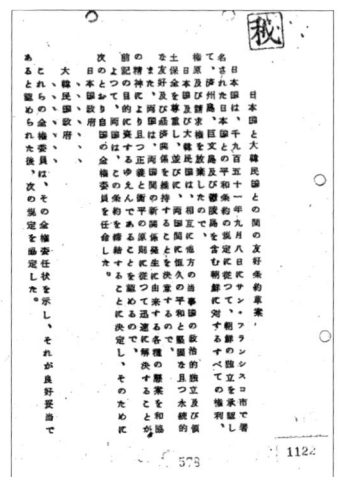

「한일 간 기본조약안」(동북아역사재단 제공)

간 새로운 관계의 발생에 따라 시작되는 각종 현안을 해결하기 위한 협약으로 우호조약을 주장한 것이다. 말하자면 일본은 조약 내용에 외교, 영사관계 수립과 무역, 해운, 통상 최혜국 대우 등의 규정을 포함시킴으로써 이 조약이 보통의 통상항해조약의 성격을 띠게 하고자 의도했다. 반면 한국은 과거에서 유래하는 현안 해결을 목적으로 하는 기본조약의 체결을 의도한 것이다. 즉, 일본은 장래를 위한 우호조약 체결에 근본적인 목적을 두었으나 한국은 과거를 청산하기 위한 사실상의 강화조약을 체결하는 것에 그 취지가 있었다. 따라서 명칭에 관해 한국은 "우호"를 "기본"으로 수정할 것을 주장하였다. 결국, 일본이 최종적으로 제출한 수정안은 「한일 간의 기본적인 관계를 설정하는 조약」이라는 명칭으로 바뀌어 한국의 요구를 반영한 형태가 되었다. 당초 양국의 명칭에 대한 접근 방식이 달랐던 것은 그것이 청구권 문제 등 타 현안과도 밀접한 상호 관련성을 가지고 있었기 때문이었다는 점은 말할 나위도 없다.

둘째, 한국 조약안의 제3조를 둘러싸고 대립점이 발생하였다. 이는 명칭을 둘러싼 대립과도 관련되는 문제였다. 한국 조약안 제3조는 "대한민국과 일본은 1910년 8월 20일 이전에 구 대한민국과 일본 간에 체결된 모든 조약이 무효임을 확인한다"라는 것이었다. 한국은 이 조항을 설치함으로써 조약문에서라도 굴욕의 역사를 청산하고자 했다. 한국이 한일합병조약의 무효 확인을 기본조약에 굳이 명문화하려는 것은 실리 때문이 아니라 그것이 바로 국민적 자존심을 응축하고 있기 때문이었다. 비록 일제에 의해 합방이라는 민족적 수모를 겪기는 했지만 이제 양국관계를 새롭게 설정하는 마당에 문서상으로나마 그러한 치욕의 역사를 씻어버려야겠다는 의지를 나타낸 것이었다. 따라서 한국으로서는 이 조항은 결코 양보할 수 없는 것이었다.

일본은 이 조항에 대해 "이 조항이 없어도 한일합병조약이 아직 효력이 있다고 생각하는 일본인은 아무도 없을 것이다. 이 조항은 일본 국민의 심리적인 면을 불필요하게 자극할 염려가 있다. 기본조약 제3조는 반대다"라고 응수하며 삭제를 주장하였다. 한국은 "오히려 이 조항을 삽입함으로써 일본 국민의 감정을 자극한다면 그것은 아직도 일본인이 과거의 제국주의적 침략행위의 과오를 청산하고 있지 않다는 사실을 입증하는 것이다. 일본 국민은 이 조항을 수락함으로써 대오각성하여 진정한 민주주의 일본의 재출발을 선언해야 한다"라고 반박했다. 일본은 한국의 강경 입장을 고려하여 "1910년 당시부터 무효라는 것은 받아들이기 어려우나 장래에 무효 즉, 국교 정상화 이후부터 무효라고 한다면 수락할 수 있다"라고 일종의 수정 제안을 했다. 그러나 한국은 "합병조약은 일본의 침략적인 불법행위의 소산이기 때문에 처음부터 무효라는 것을 확인하는 것은 당연하다"라고 주장하였다. 결국 일본이 최종적으로 제출한 요강에는 한국의 요구가 어느 정도 반영되었다. 즉, 「한일 간의 기본적인 관계를 설정하는 조약」의 전문에는 "일본과 구 대한민국 사이에 체결된 모든 조약 및 협정이 일본과 대한민국과의 관계에 있어서 효력을 갖지 않는 것을 확인한다"라는 문장이 삽입되었다. 독립 후 한국에 대하여 합병조약이 효력을 상실했다는 점을 확인한다는 의미였다. 그러나 한국은 합병조약이 애당초 원천적으로 무효라는 입장에서 물러서지 않았다. 결국, 제1차 회담이 역청구권 문제를 둘러싼 대립으로 결렬될 때까지 이 문제에 대한 양국의 합의는 이루어지지 못했다.

일본은 한국의 "합병조약의 무효를 확인하는 조항을 두어야 한다"라는 주장이 한국으로서는 절대 양보할 수 없는 필지의 요건이었다는 사실을 과소평가하고 있었다. 회담의 종결 단계인 제7차 회담에서도 합병조약의 무효 시점을 둘러싼 교섭이 상당한 난항을 거듭했다는 사실이 말해 주듯이 이 문제는 한국이 간단하게 "양해할 사안"은 결코 아니었다.

이승만 방일과 한일회담 재개

제1차 회담이 일본의 역청구권 주장에 대한 양국의 격렬한 대립으로 결렬된 것은 1952년 4월 25일의 일이었다. 그 후 한일관계는 악화 일로를 걷게 되었다. 한국 정부는 8월 15일 평화선을 침범한 일본 어선에 대한 최초의 나포를 감행하였고, 10월 4일에는 평화선 침범 어민의 처벌을 규정한 「포획심판령」을 공포하는 등 대일 강경 정책을 단행하였다. 이러한 강경 조치는 강화조약 발효에 의한 맥아더 라인 철폐와 동시에 한국 근해에의 진출을 점차 적극화하고 있었던 일본 어선에 대한 이승만 정부의 대응책이었다. 그리고 한편으로는 일본의 역청구권 주장에 대한 일종의 보복이기도 했다.

한일 간 어업 분쟁이 격화되자 미국은 사태를 수습할 필요를 느꼈다. 9월 20일 클라크Mark W. Clark 유엔군 사령관은 평화선과 거의 겹치는 '클라크 라인Clark Line(한국방위수역)'을 공포하여 일반 선박의 항해를 제한하는 조치를 취했다. 클라크 라인은 본래 유엔군의 수송로 확보와 한국 연안에 대한 침투 방지 등 군사적인 목적에서 설치된 것이었으나 그 이면에는 평화선을 둘러싼 한일 양국의 마찰을 완화하려는 미국의 강한 의도가 작용하였다.

미국은 제1차 회담이 결렬되고 한일 간에 어업 분쟁이 격화하는 사태를 크게 염려했다. 한국전쟁이 한창 진행 중인 상황에서 한일 양국의 어업 마찰이 혹시 무력 충돌로 발전하게 된다면 미국이 치명적인 타격을 입게 되리라고 보았다. 이러한 상황을 수습하기 위해 미국은 한일회담 재개를 추진하였다. 한일회담을 재개시키려는 미국의 움직임은 1952년 7월부터 머피Robert Murphy 주일 미국대사의 중재 노력으로 나타났다. 그러나 미국의 회담 재개 노력이 본격화한 것은 1953년 아이젠하워Dwight D. Eisenhower 정권 등장 이후였다.

1953년 1월 클라크 사령관이 이승만 대통령을 일본에 초청하여 요시다 총리와의 회담을 기획한 것도 한일회담 재개 노력의 일환이었다. 이 대통령의 방일 기간 중인 1월 6일, 클라크 사령관의 주최로 열린 오찬 파티에서 이 대통령과 요시다 수상의

일본을 방문한 이승만 대통령(국가기록원 제공)

대면이 처음으로 이루어졌다. 이 만남에서는 간단한 인사말이 오갔을 뿐이었으나 이는 해방 후 처음으로 양국 정상이 대면한 자리로서 회담 재개 분위기를 띄우는 역할을 했다. 1월 7일 이 대통령은 "한일 간의 문제에 어떤 형태로든 양해가 이루어지지 않는 한 동양 평화의 확보는 기대할 수가 없다. 나는 요시다 수상이 한일 양국이 인국 관계에 있다는 중요성을 깊이 인식하고 있다는 것을 알고 기쁨을 금할 수 없다"라고 성명을 발표하고 회담 재개에 대해 긍정적인 자세를 천명했다.

제2차 회담이 개최된 것은 제1차 회담 결렬로부터 1년이 지난 1953년 4월 15일이었다. 한국은 김용식 주일 대표부 공사를, 일본은 구보다久保田貫一郎 외무성 참여(외무차관과 국장 사이의 직급)를 제2차 회담의 수석대표로 임명하였다. 이 회담에서는 기본관계, 청구권 문제, 국적 처리 문제, 어업 문제, 선박 문제의 5개 분과위원회를 설치하여 토의를 진행하였다. 일본은 상호주의 원칙에 따라 주한 일본대표부의 설치를 요구하는 한편, 일본 어선 나포 문제 해결과 재일 한국인 본국 송환 문제의 조속한 해결에 중점을 두고 회담에 임했다. 이에 대하여 한국은 한일회담을 과거의 잘못된 역사를 청산하는, 말하자면 한일 평화회담으로 간주해 온 종래의 입장에서 청구권 문제의 해결, 구 조약의 무효 확인에 초점을 맞추어 회담에 임하였다. 3개월간에 걸쳐 진행된 각 분과위원회의 토의에서는 어업 문제, 재일 한국인의 법적 지위 문제에 관해서 세목에 이르기까지 쌍방의 주장이 표명되었으나 눈에 띄는 진전은 보이지 않았다. 3년에 걸쳐 계속된 한국전쟁의 휴전이 확정되자, 일본 정부는 제2차 회담의 휴회를 제안하였다. 이렇게 하여 휴전 성립 후에 회담을 재개한다는 전제하에 회담을 휴회했다.

7월 27일 휴전협정이 조인됨에 따라 8월 27일 클라크 라인이 철폐되었다. 이를 계기로 일본 어선이 평화선 수역 내에 진출하여 조업 활동을 본격화하자, 한국 정부는 강경 조치에 나

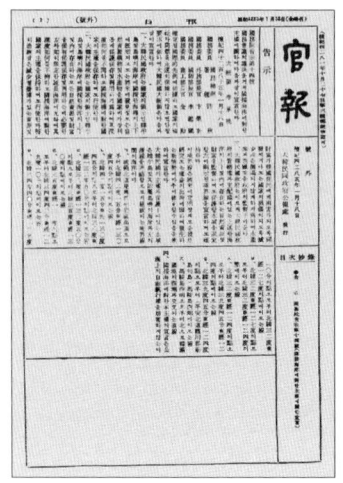 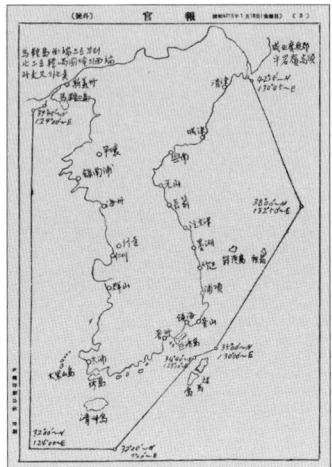

평화선(동북아역사재단 제공)

서게 되었다. 해군은 회담 휴회부터 2개월간 일본 어선 70여 척을 나포했다. 이러한 평화선 내에서의 어업 분쟁을 조기에 해결하기 위하여 일본 정부는 긴급히 회담 재개를 요청하였다. 이렇게 하여 10월 6일부터 재개된 것이 제3차 회담이다. 일본은 어업 문제 해결을 최우선 과제로 설정하여 대표단에도 어업 전문가를 대폭 보완하는 진영으로 회담에 임하였다. 그러나 제3차 회담은 각 위원회가 채 본격적인 토의에 들어가기도 전인 10월 15일 구보다 발언(한국에서는 '구보다 망언'으로 불림)의 회오리에 부딪혀 파탄되고 말았다.

구보다 발언과 회담 결렬

구보다 발언이란 제3차 회담 청구권위원회의 제2회 회의 (1953년 10월 15일) 석상에서 일본 수석대표인 구보다久保田貫一郎가 한국 대표와의 논쟁 중에 행한 발언을 일컫는다. 한국은 구보다의 발언 가운데 문제가 되는 부분을 5개 항목으로 정리하여 항의하는 동시에 발언의 철회와 해명을 요구하였다. 한국이 제기한 5개 항목의 구보다 발언은 다음과 같다.

1) 36년간의 일본의 한국 강제 점령은 한국민에게 유익하였다.
2) 한국 민족의 노예화에 대해서 언급한 카이로선언은 연합국의 전시 히스테리의 표현이다.

3) 일본의 구 재한 일본인 재산을 미군정 법령 제33호로써 처리한 것은 국제법 위반이다.

4) 대일 강화조약 체결 전에 한국이 독립한 것은 국제법 위반이다.

5) 연합국이 일본 국민을 한국에서 송환한 것은 국제법 위반이다.

우선 구보다 발언을 한국의 10월 23일 자 영문 성명과 김동조 대표의 회고를 기초로 하여 재현해 보면 다음과 같다.

홍진기 대표는 "일본의 재한 재산은 미군정의 손으로 법령 제33호에 의해 접수되었다. 이 사실은 미 국무성의 각서에 의해서도 증명되었다. 본래 한국은 36년간의 일본 지배하에 한국 민족이 받은 피해, 예를 들면 애국자의 투옥, 학살, 한국인의 기본적 인권 박탈, 식량 강제공출, 노동력 착취 등에 대한 보상을 요구할 권리를 갖고 있지만, 한국은 그것을 요구하지 않고 순수하게 법률적인 청구권만을 제출하였다. 이러한 사실을 감안하여 우리는 일본이 한국에 대한 청구권 주장을 철회할 것을 희망한다"라고 주장하였다.

구보다 대표는 이에 대하여 "그렇다면 일본도 보상을 요구할 권리를 갖는다. 왜냐하면 일본은 36년간 민둥산을 푸른 산으로 바꾸었고 철도를 부설하였으며 수전을 상당히 늘리는 등 많은 이익을 한국인에게 가져다주었기 때문이다"라고 반론을 제기하였다. 홍 대표가 "마치 일본이 점령하지 않았더라면 한국인은 잠만 자고 있었을 것이라는 전제에서 말하고 있는데, 일본에 점령되지 않았더라면 한국인은 스스로 근대국가를 건설했을 것이다"라고 말하자 구보다 대표는 "사견으로 말하건대 본인의 외교사 연구에 의하면 일본이 진출하지 않았더라면 한국은 중국이나 러시아에 점령되어 더욱 비참한 상태에 놓였을 것이다"라고 맞섰다.

여기서 홍 대표는 "그렇다면 왜 카이로선언에서는 '한국의 노예 상태'라고 말하고 있는가? 왜 일본은 카이로선언을 수락하였는가?"라고 질문하였다. 이에 대해 구보다 전권은 "카이로선언은 전쟁 중 흥분상태의 표현에 지나지 않는다"라고 받아쳤다. 홍 대표는 "카이로선언, 포츠담선언에 의해 취해진 전후 처리, 예를 들면 한국의 노예 상태로부터의 해방, 독립의 즉시 승인, 60만 일본 거류민의 본국 송환, 총독의 보호하에 축적된 일본인 재산의 몰수는 노예 상태로부터의 한국인 해방이라는 새롭고 높은 이상의 이름으로 행해진 것이다. 이에 대해서는 어떻게 생각하는가?"라고 공박하였다.

구보다는 이에 대해서 "사견으로 말하건대 원칙적으로 보아 국제법에 부합한다고는 말할 수 없지 않을까? 사유재산을 몰수하는 것은 더욱더 위반이라고 생각한다. 본인으로서는 미국이 국제법을 위반했다고 말하고 싶지 않으며 위반으로 해석하지도 않았다. 만약 위반했다고 하더라도 일본이 미국에 대한 청구권은 포기하였다"라고 답하였다.

구보다 발언이 나온 다음 날인 10월 16일로 예정되어 있던 재일 한국인의 법적 지위 분과위원회와 10월 19일 개최 예정이던 기본관계 분과위원회는 한국의 출석 거부 태도 표명으로 중단되었다. 한국이 구보다 발언에 반발하여 회담 출석을 거부한 것이었다. 10월 20일 제3회 본회의는 예정대로 열리게 되었는데 이는 한국이 이 회의에서 구보다 발언의 진의를 따지고자 했기 때문이었다. 10월 20일과 21일에 각각 개최된 제3회, 제4회 본회의에서는 한국의 김용식 수석대표가 10월 15일의 구보다 발언에 대한 한국의 의견을 개진하는 동시에 동 발언의 진의를 추궁하였다. 여기서 교환된 김용식과 구보다의 공방은 「한일회담약기韓日會談略記」에 자세히 기록되어 있다.

1) "36년간의 일본의 한국 강제 점령은 한국민에게 유익하였다"라는 발언과 관련된 부분: 구보다 대표는 "일본의 과거 조선 통치가 조선 민족에게 은혜를 가져다주었다고 말

한 것에 관해서, 본인으로서는 이와 같은 문제는 건설적이지 않으므로 언급하고 싶지 않으며 이 점에 관해서는 긍정도 부정도 할 수 없다. 이 말은 귀국에서 한국 통치의 마이너스 면만을 말하였으므로 플러스된 점도 있다는 것을 말한 것이다"라고 대답하였다. 김 대표가 "그러면 이 발언은 공적 발언이었는가"라고 묻자, 그는 "물론 개인으로서 말한 것은 아니며 공적 자격으로 말한 것이다. 그러나 정부의 훈령에 의한 것은 아니다"라고 답하였다.

2) "한국 민족의 노예화에 대해서 언급한 카이로선언은 연합국의 전시 히스테리의 표현이다"라는 발언과 관련된 부분: 포츠담선언에 인용된 카이로선언의 '한민족이 노예 상태에 있다'라는 문구에 관하여 일본은 포츠담선언을 수락하였고 또 지금껏 충실히 이행해 왔다고 믿는다. 그러나 본인의 생각에 의하면 동 선언의 문장은 그 문장이 표시하는 법률적 효과를 목적으로 하는 것이므로 일본이 수락한 것은 그 법률적 효과를 수락한 것이다. 따라서 기타의 문구에 관한 해석에는 다른 해석이 생길 수 있다. 나아가 김 대표가 "지금도 귀하는 포츠담선언에 있는 '한민족의 노예 상태'라는 문구는 연합국의 흥분에 의한 표현이라고 생각하고 있는가"라고 추가 질문하자 구보다 대표는 "그렇다. 현재와

같은 상태에서 포츠담선언을 작성했다면 그러한 표현은 사용하지 않았을 것이다"라고 답하였다.

3) "일본의 구 재한 일본인 재산을 미군정 법령 제33호로써 처리한 것은 국제법 위반이다"라는 발언과 관련된 부분: 점령지역에 있어서 관유재산을 몰수하는 것은 별문제이나 사유재산에 관한 한 이것은 존중되어야 한다는 것이 국제법상의 원칙이다. 따라서 재한 미군정 법령 제33호에 관한 해석이 불행하게도 한일 간에 상치되나 일본으로서는 일본의 의견을 철회시킬 수 없다. 따라서 만일 이 법령을 일본의 해석대로 해석하지 않고 한국의 해석대로 해석한다면 이 해석은 국제법 위반인 것이다.

4) "대일 강화조약 체결 전에 한국이 독립한 것은 국제법 위반이다"라는 발언과 관련된 부분: 구보다 대표는 "귀 대표는 강화조약 체결 전에 한국이 독립한 것은 국제법 위반이라고 본인이 발언하였다고 하나, 본인이 말한 의미는 한국의 독립에 관하여 최종적으로 종결을 짓는 것은 강화조약에 의하여 행하는 것이 통례이며, 일본으로서는 전쟁의 최종적 종결은 샌프란시스코 조약으로서 된 것이다. 그 전에 일본이 행한 것은 일종의 예비적 행위인 것이다. 따라서 일본에 관한 한 한국의 독립을 승인한 일자는 샌프란시스코

조약 발효일인 것이다"라고 해명하였다. 이에 대해 김 대표가 "지금도 귀하는 대한민국이 샌프란시스코 조약 전에 독립한 것을 국제법 위반이라고 생각하는가"라고 묻자 구보다 대표는 "전쟁은 강화조약으로 종결한다. 이것은 종래의 국제법 관례로 보아 이례라고 말한 것이다. 따라서 적극적으로 국제법 위반인지 아닌지 하는 문제에 대한 답변은 보류하겠다"라고 답변하였다. 이에 김 대표가 "솔직하게 말하라"라고 추궁하자 구보다 대표는 "카이로선언에는 일본이 참가하지 않았으며 카이로선언에 있는 한국 독립 문제가 포츠담선언에 인용되어 이를 일본이 수락하고 항복 문서에 서명한 것이다. 따라서 이 항복 문서 서명 이후 일본은 완전 독립 국가가 아니었으며 이 지위는 마치 민법에서 미성년자와 같은 것이다. 물론 항복 문서에서 포츠담선언을 수락한다고 하여 한국의 독립을 인정하기는 하였으나, 일본이 연합국에 의하여 점령당하고 있었을 때는 일본은 한국의 독립을 최종적으로는 승인할 수 없었다. 그러므로 강화조약에 의해 일본은 한국의 독립을 승인한 것이다"라고 답변하였다. 김 대표가 "왜 일본은 비건설적인 발언을 하는지 의문이다. 지난 회의에서 한국이 강화조약 이전에 독립한 것이 국제법 위반이라고 말하였지, 이례라고 하지 않았다. 귀측에서 이런 발언을 정정 또는 변경할 의향이 있기를 바란다"라고 하자 구보다 대표는 "본인으로서는 이례라고 말한 것이며 자발적으로 특별한 의도가 있어서 한 말은 아니다"라고 변명하였다.

5) "연합국이 일본 국민을 한국에서 송환한 것은 국제법 위반이다"라는 발언과 관련된 부분: 구보다 대표는 "귀 대표는 본인이 일본의 패전과 동시에 재한 일본인을 전부 철수시킨 것은 국제법 위반이라고 말했다고 하나 본인은 그런 말을 한 적이 없다"라고 해명하였다.

5개의 항목별 발언 내용을 검토해 볼 때 주목을 요하는 사항은 다음과 같다. 구보다는 김용식 대표의 추궁에 대하여 5)의 항목에 대해서 "본인은 이러한 발언을 한 적이 없다"고 부정하였으며 4) 항목의 '위반'에 대해서는 "종래의 국제법 관례에 비추어 볼 때 이례라고 말하였을 뿐이다. 국제법 위반인가 아닌가의 문제에 대한 답변은 유보하고 싶다"라고 해명하였다. 그러나 1), 2), 3) 항목에 관해서는 10월 15일 발언의 연장선에 서서 발언의 정당성을 강변하였을 뿐 조금도 물러설 기색을 보이지 않았다.

구보다 발언이 행해진 경위와 그 문맥을 분석해 보면, 원래 구보다 발언의 단초를 제공한 것은 일본의 역청구권 주장이었다. 즉, 재한 일본인의 사유재산에 관한 일본의 청구권 주장에 한국이 반발하여 식민지 통치를 통렬히 비난하자, 일본은 이에 반론을 제기하는 형식으로 식민 통치의 긍정적인 요소를 들어 한국을 자극하였다. 여기서 카이로선언에서의 '한국의 노예 상태'라는 표현은 전시 중 히스테리의 표현이며 실태에 관한 기술이 아니라고 의견을 개진하였다. 이 부분은 한국이 제기한 1), 2)의 항목에 해당하는 부분으로, 일본의 식민지 통치에 대한 인식 및 평가와 직접적으로 관련된 문제라고 볼 수 있다.

다음에 나온 화제가 3) 항목의 미군정의 재한 일본인 재산 몰수의 합법성에 관한 시비 문제이다. 이 문제야말로 청구권위원회의 본제이며 제1차 회담을 결렬로 이끌어 간 핵심적 쟁점이었다. 일본은 한국으로부터 "카이로선언, 포츠담선언 등에 의해 취해진 전후 처리가 불법이라고 말하는 것인가"라고 공박을 받자, "미군정의 조치는 국제법에 합치되지 않는다"라고 주장하면서도 "일본으로서는 이와 같은 법 해석을 취하고 있지 않다"라고 하여 미국과의 정면충돌만은 피하려는 이중적인 자세를 보였다. 이 발언이야말로 일본의 논리적 모순이 가장 현저하게 나타난 부분이라고 생각된다. 즉, 일본은 한국에 대해서는 미군정에 의해 취해진 조치가 국제법 위반이라는 이유를 근거로 재한 일본인 재산의 소유권을 주장하면서도 이 조치를 취한 당사자인 미국에 대해서는 그것을 용인하는 해석을 취하고 싶다고 했다.

결국, 이틀에 걸친 구보다 발언을 둘러싼 논쟁에서도 구보다의 태도에 아무런 변함이 없음이 확인되자 김용식 대표는 첫째, 귀측 대표가 발언한 문제의 5개 항목을 철회할 것, 둘째, 귀측의 상기 발언이 잘못이라는 것을 언명할 것을 요구하였다. 이에 대해 구보다 대표는 "마치 본인이 폭언이라도 한 것처럼 본인의 발언 중 일부만을 발표하여 외국에 선전하는 것은 타당치 않다고 생각한다. 본인은 발언을 철회할 의사가 전혀 없다"라고 응수하였다. 이로써 제3차 회담이 결렬되었다.

일본 정부는 회담이 결렬된 당일 즉각 외무성 담화의 형태로 "한국은 청구권위원회에서 의제와 관련도 없는 문제를 제기하여 그에 대한 우리의 응답을 고의로 곡해하였고, 2회에 걸친 본회의에서의 우리 설명도 요해하려 하지 않았으며 그의 철회와 부인을 인정하라고 요구하였다. 또 이에 응하지 않을 경우 회담 속행을 거부하겠다는 태도로 나왔다. 우리로서는 사사로운 언사를 의도적으로 왜곡하여 회담 전체를 일방적으로 파괴한 책임은 전적으로 한국에 있다고 말하지 않을 수 없으며 이는 심히 유감스러운 일이다"라고 주장했다.

한편 이에 대해 김용식 수석대표는 즉각 성명을 발표하여 "구보다 망언과 같은 부당한 발언은 한일회담의 기초를 완전히 깨뜨리는 것이다"라고 일본을 비난하였다. 10월 23일 요시다 수상의 지시로 수상관저에서는 긴급간담회가 개최되었다. 이 석상에서 한국에 대한 일종의 보복 조치를 포함한 강경책이 검토되었다. 그러나 이 조치는 한국에 억류되어 있던 500여 명의 일본 어민을 고려하여 철회되었다.

역청구권과 구보다 발언의 철회

구보다 발언 이래 회담은 전면 중단되어 한일관계는 험악한 상황으로 빠져들었다. 이승만 정권은 요시다 정권의 뒤를 이은 하토야마鳩山一郎 정권 수립에 기대를 걸었으나 하토야마 정권은 대소관계를 비롯한 공산권 국가와의 관계 개선에 나서 북한과의 교류를 증대시키는 움직임을 보였다. 이승만 대통령은 이러한 움직임을 일본의 한반도에 대한 이중 정책으로 간주하여 극도의 경계와 반발을 보였다. 구보다 발언부터 기시岸信介 정권 수립에 이르는 4년 반의 기간(1953.10~1957.2)은 한일관계가 최악의 국면으로 돌입했던 시기로 볼 수 있다.

이 시기에 한국은 대일 보복의 일환으로서 평화선을 침범하는 일본 어선을 나포하고 어민을 강제 억류시키는 강경 조치를 취하였다. 이에 따라 130척의 일본 어선을 나포하고 1,772명의 일본 어부를 억류시키는 이른바 '인질 외교'를 전개했다. 일본은 이에 대응하는 형태로 일본 내에 밀입국한 한국인들을 구금하여 강제수용소에 억류시키는 조치를 단행했다. 한일 간의 대립과 충돌이 계속되는 가운데 청구권 문제 토의는 유보된 채 한일 간의 중심 현안으로부터 멀어져 갔다. 이러한 교착상태는 1957년 2월 기시 정권 등장까지 계속되었다.

교착상태에 빠져 있던 한일회담이 다시 가동되기 시작한 것은 기시 정권의 주도권에 의해서였다. 기시 정권은 발족 직후부터 한일 간의 교착상태를 타개하고 교섭을 재개하기 위한 정책 전환을 시도하였다. 기시 수상은 일본 국내에 뿌리 깊게 존재하는 대한對韓 강경론을 견제하는 한편, 야츠기 특사를 비정식 교섭자로 등용하여 한국과의 막후교섭 전개를 통한 관계 개선에 나섰다. 기시 수상의 노력에 힘입어 1957년 12월에는 역청구권 주장 철회와 구보다 발언의 정식 취소를 핵심으로 하는 합의 문서의 조인이 이루어지고 회담 재개의 길이 열리게 되었다. 이처럼 기시 정권은 종래의 일본 입장을 대폭 양보하는 결단을 내렸다.

그러나 기시 정권의 구보다 발언과 역청구권 주장의 철회 결정이 일본의 '과거 문제'에 대한 근본적인 태도의 전환을 의미하는 것은 결코 아니었다. 바꾸어 말해 기시 정권의 양보 정책에는 다음과 같은 편의주의적인 정치 판단이 작용하였다.

첫째, 대미 외교에의 배려이다. 미일안보조약 개정을 최우선적 외교 과제로 안고 있던 기시 정권은 미국의 아이젠하워 정권이 요구하는 한일관계 타결에 적극적으로 나섬으로써 대미 교섭에서 유리한 고지를 차지하고자 했다. 즉, 기시 정권 스스로가 한일 문제 타결에 적극적으로 임함으로써 미일안보조약 개정을 둘러싼 대미 교섭을 유리하게 끌고 갈 수 있다고 판단하였다. 기시 수상은 미국 방문을 목전에 두고 동남아시아 순방 외교를 전개하는 등 아시아 중시 외교 방침을 강조하는 정책을 취하였는데, 이 역시 대미 외교의 포석이라는 측면이 강하였다. 한국에 대한 청구권 양보 정책도 이러한 맥락에서 파악할 수 있다.

둘째, 기시 정권의 역청구권 철회 정책은 한국의 평화선 수역 내에서의 초강경 대일 조치에 대한 대응으로서 취해진 결단으로 이해된다. 기시 정권 입장에서 일본 어부 1,700여 명의 부산 억류 사태는 긴급한 해결을 요하는 중대한 정치 문제이기도 했다. 나포와 억류의 급증 사태에 대응하기 위해 일본 국회는 13회에 걸친 '이 라인(평화선) 철폐 결의'를 행하였으며, 어업 관련 단체는 해결을 촉구하라는 압력을 가하였다. 기시 수상 자신이 억류 어민 상당수의 출신지인 야마구치현 출신이라는 점을 고려하면, 어업 문제 해결은 국정 현안이기도 하였지만 동시에 선거구의 긴급 현안이기도 했다. 1958년 5월로 예정되어 있던 중의원 선거에서 승리를 거두기 위해서도 어업 문제 해결은 필수 과제였다.

한편, 기시 정권의 양보 정책을 지지하는 일본 국내 기반은 매우 취약했다는 점이 주목된다. 한일 국교 정상화에 근본적으로 반대하는 야당은 물론, 정부와 자민당 내부에서도 기시의 대한對韓 정책에 대한 저항이 만만치 않게 존재했다. 기시 정권의 유화 정책은 재일 한국인의 북한으로의 송환(북송) 문제 부상을 계기로 후지야마 외상으로 대표되는 강경론의 반격을 받아 후퇴하지 않을 수 없게 되었다. 기시 자신은 모처럼 궤도에 오른 대한對韓관계가 악화될 것을 우려하여 북송에 매우 신중한 자세를 견지하였다. 그러나 기시 정권은 국내 여론의 광범한 지지를 기반으로 북송 정책을 적극 추진하는 후지야마 외상, 법무성, 후생성 등의 움직임을 억제하기에는 역부족이었다. 결국, 이러한 압력을 받아 기시는 북송 결정을 내렸다. 기시 정권의 재일교포 북송 결정은 한국의 극단적인 반발을 초래하여 한일회담을 파탄으로 이끄는 결정적 요인으로 작용하였다.

이승만 정부의 한일회담: 개관과 평가

 이승만 정권은 당초 한국이 대일 강화조약에 서명국으로 참가할 것을 전제로 하여 일본에 전쟁 배상적 성격의 요구를 제기하려는 방침을 세우고 있었다. 1949년 이 대통령의 지시하에 작성된 「대일배상요구조서」는 20억 달러를 상회하는 대일 배상금의 청구를 예정하고 있었다. 그러나 이러한 구상은 한국이 샌프란시스코 강화조약에 정식 서명국으로서 참가하지 못하게 되면서 실현되지 못하였다.

 강화조약의 초안 작성 과정에서 한국의 조약 참가 문제는 관계국 간에 진지한 검토 대상이 되었다. 미국은 한국 정부의 국제적 위신과 정당성을 제고시킨다는 정치적 목적하에 한국의 참가를 지지하는 입장을 취하였다. 그러나 초안 작성을 위한 일련의 영미 협의 과정에서 영국의 반대에 부딪혀 한국을 제외하는 결정이 내려졌다. 다만 강화조약의 제4조 B항에는 한국 정부의 주장을 반영하여 재한 일본 재산 처리의 효력을 승인한다는 내용이 규정되었다.

한일회담은 당초 미국의 알선으로 개시되었다. 미국은 1951년 샌프란시스코 강화조약의 발효와 동시에 한일 간의 문제를 처리하려고 하였다. 초기의 한일회담을 격돌의 국면으로 이끌었던 것은 요시다 정권이 제기했던 '역청구권' 주장이었다. 1952년 한일회담이 개시된 이래 이승만 정권은 과거 일본의 식민지 지배에 대한 사죄와 보상을 요구하는 자세로 대일 회담에 임하였다. 이 정권은 대일 요구로서 8개 항목의 「대일 청구권 요강」을 제출하였으나 요시다 정권은 이에 응하기는커녕 오히려 일본의 대한對韓 청구권을 주장하였다. 즉, 일본은 "조선에 남기고 간 일본인의 사유재산은 그 소유권이 소멸되지 않았으며, 강화조약 제4조의 규정에 따라 미군정과 한국 정부의 재한 재산 처리를 승인하는 경우에 있어서도 그 매각 대금은 당연히 청구할 권리가 있다"라고 강변하였다.

이 주장은 한국의 큰 반발을 초래하였고 그 결과 제1차 회담은 결렬되었다. 그 후 미국의 노력으로 회담이 재개되었으나, 이번에는 구보다 발언을 둘러싼 양국 간의 충돌로 인해 다시 중단되는 사태를 맞이하였다. 일본 측 수석대표 구보다는 제3차 회담 청구권위원회 회의 석상에서 일본에 의한 한반도 식민 통치의 정당성을 강변하는 발언을 하였다. 한국은 이 발언을 한국에 대한 중대한 도전 행위이며 회담의 기본정신을 망각한 망언으로 규정하고 즉각적인 발언의 공식 철회를 요구하였다. 그러나 일본은 구보다 발언을 철회하기는커녕 이를 옹호하는 정부 성명을 발표하였다. 결국, 회담은 이 사건을 계기로 4년 반에 걸친 중단 상태에 들어가게 되었다.

요시다 정권의 역청구권 주장은 한국이 제기할 거액의 청구권 요구를 억제하고 상쇄시키기 위한 하나의 외교 기술로 채택되었다고 평가된다. 요시다 정권으로서는 청구권 문제의 해결을 서두를 하등의 필요성도 느끼지 않고 있었다. 구보다 발언 역시 한국의 청구권 요구를 상쇄 내지 완화시키려는 의도에서 나온 것으로 평가된다. 즉, 구보다 발언은 개인의 실언이라기보다는 요시다 정권의 대한對韓 회담에 대한 일관된 태도와 정책이 집약된 표현이라고 할 수 있다.

일본 정부의 역청구권 주장과 구보다 발언에 대한 일본 국내에서의 이론은 사회당의 좌우파를 막론하고 거의 존재하지 않았다. 한편 한일회담을 주선하고 알선해 온 미국은 한일회담의 최대 쟁점인 청구권 문제에 대해서는 구체적이고 명확한 입장 표명을 회피한 채 가능한 한 한일 간의 청구권 분쟁에 직접적으로 휘말리지 않으려는 자세를 견지하였다. 이러한 미국의 애매한 태도는 한일 양국이 미국의 입장을 편의에 맞게 해석할 여지를 남김으로써 교섭이 난항을 겪게 하는 하나의 요인으로 작용하였다. 결국, 미국은 한일관계를 정상화하려는 정책을 일관되게 추진하였음에도 불구하고 한일관계에 뿌리 깊게 존재하는 복잡한 갈등 요인을 과소평가한 나머지 그 노력은 실패로 끝나버렸다.

구보다 발언 이래 회담은 전면 중단되고 한일관계는 점차 험악해졌다. 요시다 정권의 뒤를 이은 하토야마 정권은 대소관계를 비롯한 공산권 국가와의 관계 개선에 나서 북한과의 교류를 증대시키는 움직임을 보였다. 이승만 대통령은 이를 한반도에 대한 이중 정책으로 간주하여 극도로 경계하였다. 이승만 정권은 평화선을 침범하는 일본 어선을 나포하고 어민을 강제 억류시키는 강경 조치를 취하였고, 일본은 일본 내에 밀입국한 한국인들을 강제수용소에 억류시키는 조치를 단행하였다.

교착상태에 있던 한일회담이 재가동되기 시작한 것은 1957년 2월에 등장한 기시 정권의 이니셔티브에 의해서였다. 기시 수상은 대한對韓 강경론을 견제하고, 야츠기 특사를 비정식 교섭자로 등용하여 한국과의 관계 개선에 나섰다. 이러한 노력에 힘입어 1957년 12월 역청구권 주장 철회와 구보다 발언의 정식 취소를 핵심으로 하는 합의 문서의 조인이 이루어지고 회담 재개의 길이 열리게 되었다.

그러나 기시 정권의 이러한 결정이 일본의 '과거 문제'에 대한 근본적인 태도의 전환을 의미하는 것은 아니었다. 기시 정권의 양보 정책에는 다음과 같은 편의주의적인 정치 판단이 작용하였다고 추정된다.

첫째, 대미 외교에의 배려이다. 미일안보조약 개정을 제일의 외교 과제로 안고 있던 기시 정권은 미국 아이젠하워 정권이 요구하는 한일관계 타결에 적극적으로 나섬으로써 대미 교섭에서 유리한 고지를 차지하고자 했다. 한국에 대한 청구권 양보 정책도 이러한 맥락에서 파악할 수 있다.

둘째, 기시 정권의 역청구권 철회 정책은 한국의 평화선 수역 내에서의 초강경 대일 조치에 대한 대응으로서 취해진 결단으로 이해된다. 일본 어부 1,700여 명이 부산에 억류된 사태는 긴급히 해결해야 할 중대한 정치 문제이기도 했다. 1958년 5월로 예정되어 있던 중의원 선거에서 승리하기 위해서도 어업 문제 해결은 필수적인 과제였다.

그러나 기시 정권의 양보 정책을 지지하는 일본 국내 기반은 매우 취약했다. 한일 국교 정상화에 근본적으로 반대하는 야당은 물론, 정부와 자민당 내부에서도 기시의 정책에 대한 저항이 만만치 않았다. 더욱이 기시 정권의 양보에도 불구하고 재일 한국인의 북한 송환 결정은 이승만 정부의 반발을 초래하여 결국 한일회담을 파탄으로 이끌었다.

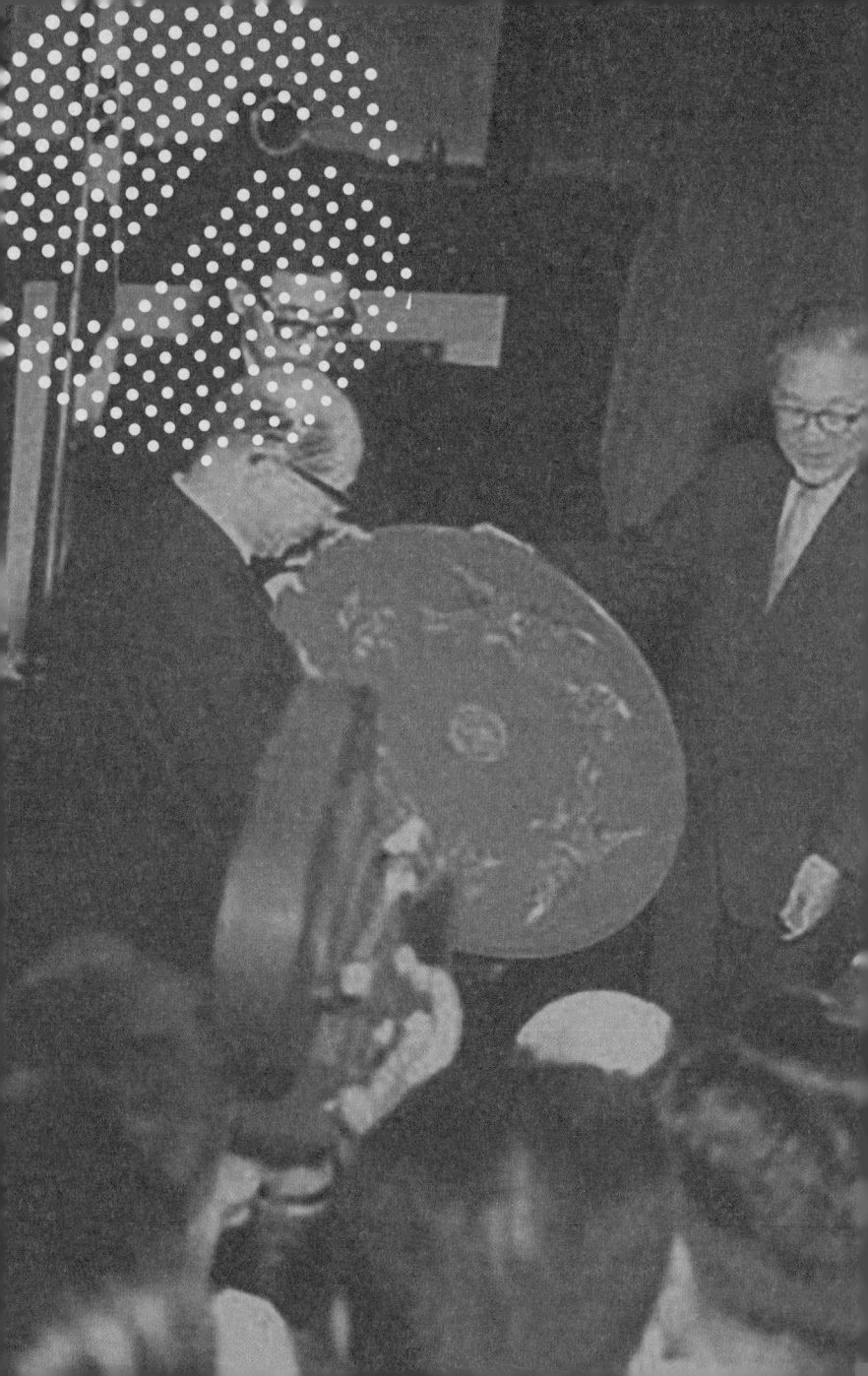

제2장

장면 정부 시기의
한일회담

4·19혁명과 제5차 한일회담

한국에서 반일 정책을 고수하고 있던 이승만 정권이 1960년 4·19혁명으로 붕괴하고 민주당 정권이 수립되자 한일관계는 급속히 화해 국면으로 전환되었다. 신정권은 일본과의 현안 해결과 국교 정상화를 적극적으로 추진할 것을 선언했다. 기시의 뒤를 이어 정권을 잡은 이케다池田勇人 수상도 일본 국내에서의 조기 타결 분위기에 부응하여 한일 문제 해결에 의욕을 보였다. 이런 분위기 속에서 한일 간에 대화가 재개되었다. 한국에서의 신정권 등장을 기다리던 이케다 정권은 장면 민주당 정권이 수립되자 곧바로 경축 사절단과 함께 고사카小坂善太郎 외상을 한국으로 보냈다.

장면 정권은 이승만 정권이 확고하게 견지했던 반일 정책을

일본 친선 사절단을 접견하는 장면 총리(국가기록원 제공)

바꾸어 대일 정책에 유연한 자세를 표명하였다. 8월 25일 장면 정권의 외무장관으로 취임한 정일형은 신정권 외교 방침의 일환으로 신속하게 대일 외교 정상화를 위한 노력을 경주했다. 1960년 9월 6일 고사카 외상은 한국을 방문하여 한일회담 재개를 촉구하는 도착 성명을 발표하였다. 고사카 외상의 방한은 전후 처음 있는 일본 공식 사절단의 방문이었고, 바야흐로 한일관계에 있어 새 시대의 개막을 알리는 것이었다.

정일형-고사카 외상 회담에서 1960년 10월 하순부터 한일회담 예비회담을 개최하기로 합의했다. 이에 따라 4·19혁명으로 중단되었던 한일회담이 도쿄에서 재개되었다. 일본의 주한 일본대표부 설치 제안에 대하여 한국은 시기상조라고 대답하였으나, 억류 일본인 어부 40인의 석방을 통고하였다. 고사카의 방문은 한국 민주당 신정권의 출범을 축하하기 위한 의례적 경축 사절에 머물렀고 구체적인 현안 토의를 목적으로 했던 것은 아니었다. 일본은 총선거를 목전에 두고 있었기에 현안의 실질적 토의는 사실상 불가능하다고 판단하고 있었다.

그러나 고사카의 방한은 한일회담이 종래의 10년간의 회담과는 전적으로 다른, 새로운 단계에 들어섰다는 것을 나타내는 상징적인 사건이었다. 한일 양국이 전적으로 새로운 정치 상황에 놓임으로써 제5차 한일회담은 순항할 것으로 기대를 모았다. 특히 철저한 반일 정책을 고수하던 이승만 정권이 붕괴하고 민주당 신정권이 적극적인 대일 태도를 천명했기에 일본 국내에서는 회담 타결 가능성에 대하여 낙관론이 지배하게 되었다.

제5차 회담에서는 예비회담과 본회담으로 나누어서 예비회담에서는 주요한 사무적 토의를 진행하여 의견 조정과 타협의 가능성을 모색하고, 예비회담에서 해결하지 못한 문제는 정치적 교섭을 목적으로 하는 본회담에서 타결하는 방식을 채택했다. 그러나 제5차 회담은 결국 5·16 군사정변으로 중단될 때까지 본회담을 한 번도 열지 못한 채 예비회담에 그치고 말았다.

한국의 수석대표에는 제1차 회담의 대표를 맡았던 적이 있고 법학자로서 사회적 명성이 높은 민간인 유진오 박사가 선출되어 종래 대표단의 성격과는 다른 면모를 보였다. 일본의 수석대표로는 제4차 회담 때와 마찬가지로 사와다澤田廉三가 임명되었다. 회담의 의제는 기존 형식에 따라 기본관계, 청구권(일반 청구권, 선박, 문화재 소위원회를 그 산하에 설치), 어업 및 평화선, 재일 한국인의 법적 지위의 네 분과로 나누어 분과위원회를 설치하여 교섭을 진행하도록 하였다.

10월 25일에 열렸던 최초 회담에서 유진오는 개회 인사를 통해 "4월 혁명의 결과로 수립된 한국의 신정부는 한일관계의 정상화를 주요 시정 목표의 하나로 정하고, 종래 그것을 저해하던 양국 간의 문제에 관하여 평등과 상호 존중의 원칙 위에서 합리적인 해결을 모색하게 되었다. 한국 대표단은 일본의 새로운 의사표시에 큰 기대와 희망을 걸고 본회담에 임할 것이다"라고 말하였다. 이에 대하여 사와다 수석대표는 "한국의 신정부가 수립된 이래 일한 양국 간에는 우호친선의 기운이 고조되었다. 이번 회담이 원만히 진행되어 가까운 장래에 양국 간에 확고한 우호친선 관계의 기초가 확립되어 서로 번영하고 함께 국제평화 유지에 노력할 수 있기를 진심으로 희망하고 있다"라고 답하였다. 이러한 발언은 양국 정부가 제5차 회담에 보낸 관심과 열의가 이전의 회담에 비하여 얼마나 컸는지 보여 주는 것이었다.

5·16 군사정변으로 중단될 때까지 약 7개월간 진행된 제5차 회담의 흐름은 1961년 3월을 기준으로 전후반의 시기로 나누어 검토할 수 있다. 우선 회담의 전반기에는 양국의 국내 정치적 제약이 강하게 작용하고 있었고, 또한 양국 간에 상당한 의견 차이가 있어서 교섭에 큰 진전이 없었다.

첫 번째로, 일본 국내 정치 일정에 따른 제약 요인을 들 수 있다. 11월 20일의 총선거, 12월 5일의 제37회 특별국회 소집과 제2차 이케다 내각 발족 등 일련의 중요한 정치 일정이 가로놓여져 있어서 한일회담을 적극적으로 추진하기가 불가능했다. 특히 이케다 정권은 한일회담 문제가 총선거의 쟁점이 되는 것을 회피하고자 회담 개시 직후에는 신중한 태도를 취했다. 또한, 한국 정부도 이케다 정권의 그러한 입장을 고려하여 이케다의 재선과 안정 수의 의석 확보에 협력하는 태도를 보였다.

두 번째로, 일본 특별국회에서의 이케다 수상, 고사카 외상의 한반도에 대한 발언이 문제가 되어 한일교섭이 정체되는 하나의 중요한 요인으로 작용하였다. 이케다 수상은 12월 19일 중의원에서 가토加藤勘十 사회당 의원의 질문에 대한 답변에서 "일본 국민은 한국과의 국교를 희망하고 있다. 1948년 국제연합의 감시하에 수립된 정부를 정통적인 것으로 보고 있다. 일본은 이와 같은 정부를 상대로 교섭하고 있다. 사실의 문제로는 38선 이북에 다른 정부가 있다는 것을 염두에 두고 교섭하고 있다"라고 언명하였다. 고사카 외상도 같은 날 중의원 외무위원회에서 "한국 정부는 국제연합에 기반한 합법 정부이지만, 한편으로 38선 이북을 사실상 지배하고 있는 Authority(권위)가 존재하는 것을 염두에 두고 있다"라고 말하였다.

국회의 논의에서 이케다 수상과 고사카 외상이 "38선 이북을 사실상 지배하고 있는 정권의 존재를 염두에 두고 있다"라는 취지의 발언을 한 것은 한일회담에 임하는 일본 정부의 기본방침을 표시한 것이었다. 즉, "국제연합 결의에 기반한 합법 정부"라고 하는 한국 정부의 지위를 승인하면서, 그 반면에 한국이 사실상 남한만을 시정 범위로 한다는 점을 명확히 한 다음 교섭을 추진했다. 이케다 정권은 한국과의 국교 교섭의 타당성을 1948년 제3회 유엔총회에서 채택된 '한국 독립 문제에 관한 결의'에서 구하는 동시에, 다른 한편으로는 '한반도 전 주민을 대표하는 것'으로서의 한국 정부의 정통성 주장은 인정하지 않았다. 따라서 재산청구권 문제, 재일 한국인의 법적 지위 문제에 관해서는 한국의 시정 범위가 남한에 한정된다는 인식에 기반한 입장을 주장했다.

한국은 이러한 이케다 정권의 입장에 대하여 "두 개의 한국 정부를 승인하는 것"이라고 강하게 반발했다. 한국 정부는 12월 20일 "한국 정부가 유엔으로부터 승인받은 한반도의 유일한 합법 정부이며, 1952년의 한일회담 개시 당시부터 일본은 한국이 유일한 합법 정부라는 사실을 인정하고 회담에 임하여 왔음에도 두 개의 정부가 존재하는 것 같은 인상을 주는 발언을 한 것은 이해할 수 없다"라고 항의하였다.

세 번째로, 한국 국내에서의 빠른 대일 접근에 대한 경계나 견제의 움직임이 전반기에 열린 한일회담의 진전에 장애 요인으로 작용하였다. 일본 재계에서 방한을 목적으로 한국경제시찰단이 조직되었으나 한국 정부가 국내 사정을 이유로 방한 취소를 요청하는 사태가 벌어졌다. 이는 한국의 국내 정치에서 장면 내각의 대일 접근 자세가 상당히 약한 기반 위에 서 있다는 것을 말하여 주는 사건이기도 했다. 대일 접근에 대한 한국 국내의 가장 주요한 견제 움직임은 1961년 2월 3일 국회 민의원에서 있었던 '대일 복교 4원칙'을 내용으로 하는 결의의 채택으로 나타났다. 대일 복교 4원칙의 결의는 "1) 복잡다단한 국내외 정세에 비추어 보아 대일 국교는 제한 국교에서 점진적으로 전면 국교로 나아가야 한다. 2) '평화선'은 국방과 수산자원의 보존 및 어업의 보호 등을 위해 중요하므로 수호되지 않으면 안 된다. 3) 정식 국교는 중요 현안의 해결, 특히 일본의 점령으로 인한 손해와 고통의 청산 종료 후에 이루어져야 한다. 4) 한일 경제협력은 정식 국교 개시 후 국가 통제하에 국내 산업을 침해하지 않는 범위 내에서 실시되어야 한다"라는 것이었다. 이 중에서도 특히 2)의 평화선 엄수 주장은 일본이 가장 중요시하는 현안이었을 뿐만 아니라 일본의 기본 주장과 완전히 상반되는 것이었기에 회담 진행에 중대한 장애 요소로 간주되었다.

네 번째로, 전반기의 회담이 순조롭게 진행되지 않았던 또 하나의 요인으로 양국이 회담의 진행 방식을 둘러싸고 대립했다는 사실을 들 수 있다. 한국은 일반 청구권 문제는 일본이 한국에 갚지 않은 채무에 관계된 것이므로 국교를 정상화하기 위해서는 이 문제를 가장 먼저 해결하여야 한다고 주장하였다. 이에 비해 어업·평화선 문제는 양국 간 과거 문제에서 발생한 문제가 아니라 양국 간 장래 관계를 규율하는 문제이므로 국교를 정상화한 후에 해결하는 것이 좋다고 주장하였다.

한편 일본 측은 법적 지위·문화재·선박 같은 현안을 우선 해결하고, 바로 국교를 정상화한 후에 평화선 및 어업 문제나 청구권 문제를 동시에 다룰 것을 주장하였다. 그 이유는 한일회담에서 토의되고 있는 모든 문제는 어업 문제를 제외하면 전부 일본이 양보해야 할 성질의 문제이므로 어업·평화선 문제를 나중으로 돌리는 것은 국민을 납득시킬 수 없으며, 따라서 끝까지 일반 청구권 문제와 어업 문제를 동시에 해결해야 한다는 것이었다. 요컨대 한국의 청구권 문제를 최우선시하는 사고방식과 일본의 청구권 문제와 평화선을 연계하여 일괄 해결하려는 사고 사이에는 근본적인 차이가 존재하였다.

전반기의 회담 교착상태는 1961년 2월에 들어서 양국 수석대표 간에 있었던 비공식 절충으로 해소되고, 3월 2일부터는 각 위원회에서의 사무적 수준의 교섭이 활기를 띠고 진행되었다. 2월 7일에 열린 수석대표 간 절충에서 일본은 "어업 문제의 토의가 이루어지지 않는 한 다른 현안에 대한 회합에 응하지 않을 것이다"라는 입장을 표하였고, 한국이 이러한 일본의 입장을 수용하면서 양자의 타협이 이루어졌다. 군사정변으로 중단되기까지의 사무 레벨에서 진행된 분과별 회담 진행 상황을 개관하면 다음과 같다.

재일 한국인 법적지위위원회에서는 이승만 정권 시에 재일 한국인의 북송을 저지하기 위한 대응 수단으로 논의된 한국 귀

환에 관한 협정 체결 문제를 백지화하기로 한국의 입장을 표명하였고 일본도 이를 받아들였다. 본 위원회의 의제로는 제4차 회담과 동일하게 1) 영주권 부여의 범위와 방법, 2) 강제퇴거 문제, 3) 한국 국적 확인 문제, 4) 영주 귀국자의 재산 반출 및 송금, 5) 처우 문제가 토의되었다. 한국은 재일 한국인이 일본에 거주하게 되었던 역사적 경위를 설명하고 종전 당시부터 일본에 계속 거주하고 있던 한국인과 그 자손에 대하여는 영주권을 부여하고 강제퇴거를 금할 것을 요구하였다. 또한 재일 한국인을 경제적, 사회적으로 일본인과 동등하게 대우하고, 그들이 귀국을 희망할 때는 재산을 제한 없이 가지고 귀국하도록 할 것을 요구했다. 일본은 이에 대하여 원칙적으로는 동의하였으나 영주권 부여 문제, 퇴거 문제, 국적 확인 문제와 재산 반출 문제에 대하여는 이견을 보였다. 법적지위분과위원회는 모두 10회의 공식 회담과 8회의 수석대표 간 비공식 회담을 거쳐 제4차 회담의 합의선보다 한층 더 진전하는 성과를 보였다.

선박위원회는 이전 회담에 이어 한국 치적선의 치적 사실을 조사 확인하였으나 그 성과는 거의 없었다. 문화재위원회도 한국의 요청으로 전문가 회담을 열었으나 새롭게 진전되지는 않았다. 다만, 일본은 법적으로 문화재를 반환할 의무는 없으나 일본 국유물의 일부는 기증하겠다는 기존 입장을 되풀이하여 표명하였다. 어업위원회에서는 평화선에 대한 법이론적 토의가 유보되고 해당 수역의 자원 상태를 검토할 것에 합의하는 한편, 자원론의 진행 방법에 대한 토의가 이루어졌다.

개인 청구권에 관한 실질적 토의

　제5차 회담의 청구권위원회는 공식·비공식 회의를 33차례 열어 청구권 문제에 관한 실질적인 토의에 들어갈 수 있었다. 과거 10년간 4번에 걸친 회담에서 재산청구권 문제가 단 한 번도 실질적인 내용의 토의에 들어가지 못한 채 법이론적인 논쟁만으로 그쳤던 것에 비하면 괄목할 만한 진전이었다. 이 위원회에서는 한국이 제1차 회담에서 제시했던 8개 항목의 「대일 청구권 요강」을 기초로 구체적인 토의가 진행되었다. 이 토의는 5·16 군사정변 발발로 민주당 정권 붕괴 사태에 직면하여 결국 중단되었다. 그러나 토의 과정에서 일본은 한일회담 개시 이래 처음으로 청구권 각 항목에 대한 견해를 제시하였으며, 이 토의를 계기로 청구권 문제 해결 방식으로 '경제협력 방식'

의 방침이 부상하게 되었다.

청구권 토의에 있어서 양국이 가장 첨예한 대립을 보인 것은 1957년 12월 7일 미국이 제시한 구상서의 해석에 관한 문제였다. 이 구상서는 앞서 살펴보았듯이 한일 청구권 문제에 관한 샌프란시스코 평화조약 제4조의 해석에 대한 미국의 견해를 밝힌 것이다. 즉, 1) 미군정에 의해 몰수되어 한국 정부에 이양된 재한국 일본 재산에 대하여 일본은 평화조약 제4조 B항에 의해 청구권을 주장할 수 없고, 2) 다만 재한 일본 재산이 한국에 인도되었다는 사실은 한국의 대일 청구권을 결정할 시 고려되어야 한다는 두 가지 내용이었다.

일본은 "고려되어야 한다"라고 되어 있는 점을 최대한으로 해석하여 가능한 한 한국의 대일 청구권 요구액을 상쇄시키려 하였다. 이에 대해 한국은 "한국의 「8개 항목」 요구는 이미 미국 구상서의 취지를 고려하여 작성한 것으로, 「8개 항목」 요구는 재한국 일본 재산 처분에 의해 어떠한 영향도 받지 않는다"라고 주장하였다. 이에 대하여 일본은 "한국의 「8개 항목」 요구는 평화조약 발효 전이었던 1952년 2월에 처음 제출되었으며, 동일한 내용이 이번 토의에도 다시 제출되었다. 그런데 미국 측 견해가 한국에 처음으로 제시된 것은 1952년 4월의 일이다. 그 후 회담에서 재산청구권 문제로 재삼 대립하고 있는 것을 고려하여, 1957년 12월에 일한 양국에 구상서로 제시된 것이다. 따라서 시기적으로 볼 때 「8개 항목」 요구는 구상서의 취지를 고려해서 작성한 것으로 볼 수 없다"라고 반박하였다.

이어서 청구권 토의는 한국이 제시했던 「8개 항목」 요구의 개별사항으로 옮겨져 구체화되었다. 우선 「8개 항목」의 제1항에 있는 "한국으로부터 반출된 고서적, 미술품, 골동품, 기타 국보, 지도원판 및 지은地銀·지금地金의 반환"에 대해 일본은 구체적인 설명을 요구했다. 이에 한국은 "일본이 반환할 금金은 67,541,771g, 은銀은 269,633,199g"이라는 구체적인 숫자를 제시하였으나 그에 대한 정확한 증거 서류는 한국전쟁 중에 유실되었다는 점 등을 이유로 제출하지 않았다.

다음으로 「8개 항목」의 제2, 제3, 제4항은 모두 청구권 적용의 시기적인 범위에 관한 문제와 관련된 것으로, 이를 둘러싸고 한일 양국은 다시 근본적인 대립에 들어갔다. 「8개 항목」 요구의 제2, 제3, 제4항은 다음과 같다.

2) 1945년 8월 9일 현재, 일본 정부의 대對조선총독부 채무를 변제할 것.
3) 1945년 8월 9일 이후 한국으로부터 이체 또는 송금된 금액을 반환할 것.

4) 1945년 8월 9일 현재, 한국에 본사(점) 또는 주 사무소가 있는 법인의 재일 재산을 반환할 것.

말하자면 한국은 미군정령 제33호가 규정하고 있는 시기적인 범위로 1945년 8월 9일을 기점으로 하여 8월 9일 이후의 재한 재산에 대해서는 그 소유권이 한국에 있고, 그 이후 일본이 반출한 전 재산은 한국에 반환하여야 한다고 주장했다. 한국은 그 법적 근거를 다음과 같이 설명했다. "1945년 9월 7일부 태평양 미 육군 총사령부 포고 제3호는 일체의 재한 재산의 해외 이동을 금지하고 있고, 군령 제2호에 의해 8월 9일 현재의 모든 일본 재산은 동결되었으며, 8월 9일부터 9월 25일까지 이루어진 재산의 모든 인수는 특별히 허용된 경우 이외에는 전부 무효가 되었다. 다음으로 군령 제33호에 8월 9일 현재의 일본 재산은 미군정청에 귀속되어 미군 소유로 넘어갔다는 사실이 명문으로 규정되어 있으며, 1948년의 한미협정에서 군령 제33호에 의해 미군정청에 귀속된 일본 재산은 미군정청이 이미 행한 처분을 제외하고 모두 한국 정부에 이양되었다. 또한, 군령 제33호 이전에 발표된 모든 포고 및 법령은 군령 제33호의 준비 입법임이 명백하고, 군령의 효과는 8월 9일부터 시작되는 것임이 분명하다."

그러나 일본은 한국의 주장을 거부하고, 한국이 재한 일본 재산에 대하여 그러한 소유권을 주장할 수 있는 것은 미군정령 제33호가 공포된 1945년 12월 6일 이후의 것에 한정된다고 주장하였다. 일본은 그 근거를 다음과 같이 제시하였다. "일반적으로 법률의 효력이 해당 법령의 효력 발생 시에 있어서 그 적용 범위 내에 존재하지 않는 대상에 법률상 미치지 않는 것은 법이론상 당연한 원칙이고, 12월 6일의 군령 공포 시 이전부터 한국 내에 존재하지 않았던 재산, 권리에 대해서는 접수하는 것이 불가능하였기 때문에 군령을 이유로 관련된 모두를 반환 청구하는 것은 불가능하다. 8월 9일이라는 자구는 재산의 일본성을 정하는 기준이 되는 것이고, 그것을 이유로 소급하여 몰수할 수 있는 것이라고 볼 수 없다."

말하자면, 재한 일본 재산의 소유권에 대하여 한국은 8월 9일로 소급하여 그 권리를 주장한 반면, 일본은 12월 6일 이후의 것에 한정하여 그 권리를 인정한다고 주장하였다.

청구권위원회에서 양국이 격돌했던 또 하나의 중요한 문제는 개인 보상 문제였다. 이 문제는 「8개 항목」 중 제5항의 "한국 법인 또는 자연인의 일본국 및 일본 국민에 대한 일본 국채, 공채, 일본 은행권, 피징용 한국인의 미수금 및 기타 청구권을 변제할 것"에 관한 것이다. 이 항목에 대하여는 일본도 원칙적으로 "일단 법적인 근거가 있는 것이므로 청구권 토의의 대상이 될 수 있는 항목"으로 분류했기 때문에 구체적인 논의에 들어갈 수 있었다. 1961년 5월 처음으로 한국은 개인의 피해에 대한 구체적인 보상을 청구권이라는 형태로 일본에 요구하였다. 그것은 식민지 지배에 대한 일본의 사죄와 보상의 의미를 담고 있는 요구이기도 하였다. 구체적으로 한국은 피징용 생존자, 부상자, 사망자, 행방불명자 그리고 군인 군속을 포함한 피징용자 전반에 대하여 보상을 요구하였다. 그러나 일본은 징용 당시 한국인은 일본의 국민이었고, 종전 후 외국인으로 된 것이므로 보상에 응할 수 없다고 하였다.

더 나아가 일본은 이 주장을 봉쇄하고자 한국에 대해 철저한 근거 제시를 요구하였고, 소위 증거 논쟁으로 논의를 끌고 갔다. 철저한 증거 제시를 요구하는 일본의 태도에 대하여 당시 제5차 회담에서 한국 대표를 맡았던 문철순은 "징병 등은 명백한 사실이며, 정확한 인원수는 알 수 없지만 적어도 수만 명의 인원이 연행되었다는 것은 사실이다. 그런데도 일본은 한국에 구체적인 인원수나 증거자료를 요구하였다. 그것은 한국으로서는 불가능한 것이다. 한국에는 그런 자료가 없다. 일본이야말로 증거가 될 자료를 많이 가지고 있음이 틀림없다. 따라서 일본이 정말로 보상하려는 의지가 있다면, 한국에 증거를 내놓으로라고 주장할 수는 없다"라고 하였다.

한편, 당시 외무성의 외교관으로 한일회담에 관여한 바 있는 야나기야柳谷謙介는 일본의 입장을 다음과 같이 설명하였다. "(지불에 관해서는) 외교 당국, 교섭 당국만으로는 결정할 수 없다. 예산 조치를 하려면 국회의 승인을 얻어야만 실시할 수 있으므로, 그러기 위해서는 그럴 만한 근거가 필요하다. 결국 과거 청산으로 청구권을 지불하기 위해서는 증거나 법적 근거가 확실하지 않으면 안 된다. 여러 가지 의미에서 상당히 불명확한 채로 청구권을 지불하는 것은 일본의 법령상, 제도상 하기 힘든 일이라고 생각한다."

증거에 기반한 청구권 이외에는 인정할 수 없다고 주장한 일본은 가정의 논의로서 개인 보상에 관하여 한 차례 언급하였다. 즉, 일본은 만일 일본이 보상하게 된다면 그 수취자는 국가인지 개인인지를 한국에 물었다. 그에 대해 한국은 "피해자에 대해서 보상금을 지불하는 것은 일본으로부터 보상금을 받은 후에 한국 안에서 처리할 수 있는 문제이다"라고 답하였다. 이에 대해 일본은 "피해자의 인명 수, 금액, 피해 정도는 구체적이지 않으면 안 된다고 생각하며 피해를 받은 개인의 구체적인 신고를 받은 때부터 일본이 지불하는 게 타당하다"라고 반박하였다.

가정의 논의로서 피해자 개인에 대한 직접적 보상을 제안했던 일본에 대하여 구체적인 증거자료를 보이지 못한 한국은 소극적인 자세를 취하였다. 문철순은 다음과 같이 한국의 사정을 설명하였다. "어떠한 방법으로, 무엇을 기준으로, 1인당 얼마의 금액을 산출할 것인가는 기술적으로도 불가능한 것이다. 결국 하나하나 기술적으로 쌓아 올려 계산하는 것이 아니라 정치적으로 타협하는 길밖에는 생각할 수 없었다. 결국 정치적인 결단으로 일본이 한국 정부에 상당한 금액을 지불하는 것으로 타결하는 방법이 좋겠다는 것이 한국이 처한 입장이었다."

이상의 고찰에서 보듯이 제5차 회담의 청구권위원회에서는 한국에서 군사정변이 일어나 회담이 중단된 1961년 5월까지 「8개 항목」 요구 가운데 제1항부터 제5항까지의 일부 내용에 관한 실질적인 토의가 진행되었다. 이 토의에서 한일 양국은 청구권의 상호 상쇄 문제와 재한 일본 재산의 한국 귀속에 대한 시기적인 범위 문제, 그리고 지금地金·지은地銀을 포함한 현물의 반환 문제에 대하여 근본적인 인식 차이를 확인하였을 뿐 청구권 해결을 위한 의견 접근은 거의 이루어지지 못하였다. 일본에 의해 원칙적으로 법적 근거가 인정된 개인 피해의 보상 문제는 그 토의가 너무 증거 논쟁으로 집중되어 금액 산정까지 진전되지 못하였다.

제3장

박정희 정부 시기의 한일회담

군사정권 등장과 일본의 대응

　제5차 회담에서 청구권의 각 항목에 대한 본격적인 토론이 진행되던 중에 일본에서는 한일 문제의 해결을 정치적으로 추진하려는 움직임이 나타나기 시작하였다. 1961년 4월 26일 자민당 내에는 이시이石井光次郎를 의장으로 하는 일한문제간담회日韓問題懇談會가 발족되었고, 5월 6일부터 12일까지 노다野田卯一 의원을 단장으로 하는 자민당 의원단이 한국에 파견되어 장면 총리를 비롯한 한국의 지도자들과 회담을 개최하였다. 이 방한 의원단에 동행했던 이세키伊關佑次郎 외무성 아시아 국장은 김용식 외무장관과 한일회담의 진행 방향에 대하여 회담하고, "현재의 예비회담을 5월 말부터 6월 초에 끝내고 3개월 동안 내부 조정을 거친 후, 9월에는 정식 회담을 시작하여 현안을 한꺼번에 해결할 것"을 합의하였다. 그러나 이 합의는 백지화되었다. 한국에서 군사정변이 일어나 민주당 정권이 붕괴하고 말았기 때문이다.

군사정변으로 정권 장악에 성공한 박정희 장군은 처음부터 적극적인 대일 자세를 표시하였다. 박정희는 민주당의 대일 정책을 훨씬 뛰어넘는 적극성으로 대일 교섭에 임할 결의를 보여주었다. 1961년 6월 1일 박정희는 외국인 기자단과의 인터뷰에서, "일본인은 과거를 사죄하고 보다 많은 성의로 회담에 임해야 한다고 말하는 것은 지금 시대에는 통용되지 않는다. 옛일은 흘려보내고 국교 정상화를 하는 것이 현명하다고 생각한다"라고 말하였다. 7월 3일 박정희는 최고회의 의장으로 승격 취임하였고, 그다음 날 박 의장은 최덕신 외무장관을 단장으로 하는 방일 친선 사절단을 파견하였다. 최덕신은 미국 방문을 마치고 곧바로 이케다 수상을 방문하여 박 의장의 친서를 전달하고 신정권의 한일회담 조기 타결에 대한 열의를 전달하였다.

7월 19일 박 의장은 기자회견에서, "한일회담을 연내에 해결하고 싶다"라고 조기 타결의 결의를 표명하였다. 군사정권은 대일 교섭을 재개하기 위해 우선 5·16으로 공석이 된 주일 대표부 공관장 인선을 단행하여 무역협회 부회장인 이동환을 대표부의 특명전권공사에 임명하였다. 이동환의 발탁에는 그가 경제통에 지일파知日派이며, 이케다 내각의 오히라大平正芳 관방장관, 고사카 외상과는 도쿄상대(현 히토츠바시대학) 동창이라는 점이 고려되었다.

군사정권은 해방 후 역대의 어떤 정권보다도 한일회담에 적극적이었다. 군사정권의 지도자들은 과거에 있었던 대일 외교는 '이승만 시대는 고집, 민주당 시대는 무능'으로 진척되지 않았다고 판단하였다. 따라서 열의를 가지고 허심탄회하게 교섭에 임하면 정상화는 단번에 실현된다고 낙관하였다. 군사 쿠데타로 정권을 획득한 박 정권은 약한 정권 기반을 강화하는 동시에 정권의 최대 정책목표인 경제 재건을 달성하기 위해서는 일본으로부터 자금과 기술을 도입할 필요가 있다고 확신하였다. 그리하여 박 정권은 정권이 수립된 지 얼마 안 된 시점에서 정권의 기반이 극히 취약함에도 대일 회담이라는 외교적 난제에 서둘러 손대게 되었다.

한국의 군사 쿠데타를 지켜보고 있던 이케다 정권은 5월 20일 외무성 정보문화국장의 담화를 통해, "한국의 이웃인 일본으로서는 정세의 추이에 중대한 관심을 가지고 있으며, 일본 정부는 사태가 하루속히 정상화되기를 희망한다"라고 중립적인 입장을 밝혔다. 5월 30일 공안조사청의 정세 평가에 따르면, 일본 정부는 5·16 직후 군사정권의 안정성에 대하여 기본적으로는 낙관을 불허한다고 보았으나 군사정권이 수개월은 존속할 것으로 판단하고 있었다. 일본에 미칠 영향에 대해서는 "장면 정권이 취했던 외교 방침을 따르면서 나아가 한일 간의 모든 현안 해결을 도모하고 적극적으로 자유 진영의 연대를 강화하는 방향을 취할 것이다. 대일 관계가 악화하는 방향으로 나아갈 만한 징후는 보이지 않는다"라고 평가하여 한일관계의 호전을 예측하였다.

7월 21일 미국의 러스크 국무장관은 성명을 통해 한국 군사정권에 대한 지지를 정식으로 발표하였다. 이케다 방미 이후 회담 재개 방침을 결정했음에도 군사정권에 대한 사태 관망의 자세에서 완전히 벗어나지는 않고 있었던 일본 정부는 러스크의 성명에 큰 충격을 받았다. 자민당 내 적극파의 세력이 강화되었고 외무성에서도 이를 액면대로 미국이 관망에서 벗어나는 것으로 이해할 수 있다는 의견이 지배하게 되었다.

이 무렵 일본 국내에서도 자민당의 우파 그룹과 재계로부터 적극적인 대한국 정책을 요구하는 활발한 움직임이 나오기 시작하였다. 그중에서도 가장 열심이었던 것은 기시 전 총리였다. 기시는 "나는 일한관계가 하루속히 해결되지 않으면 안 된다고 생각한다. 박 장군과 그의 측근이 일으킨 5·16은 어떤 의미에서는 자유 한국을 수호하려는 최후의 수단이었던 것으로 보인다. 그들의 혁명이 실패하면 극동의 자유 진영은 굴복의 위험에 처하게 될지도 모른다. 만약 불행히도 공산주의가 부산까지 지배할 경우 일본의 상황을 상상해 보자. 이번에야말로 일본과 한국의 국교가 정상화되고 미국과 일본이 원조하여 한국의 경제적인 기초를 구축해야 한다고 생각한다"라고 하였다. 이러한 기시의 생각은 자민당 내 우파 세력이 일반적으로 갖고 있던 '부산적기론釜山赤旗論' 내지 '한국 반공 방벽론'의 관점을 그대로 대변한 것이었다.

러스크의 성명이 나온 이틀 후, 한국 정부는 이동환 주일 공사를 통하여 한일회담 재개를 타진하였다. 이에 대해 이세키 아시아 국장은 주한 일본 정부 대표부의 설치를 요구하는 각서를 전달하고, "일본 정부로서는 이후 한국과 교섭함에 즈음하여 한국 국내 정치·경제 정세를 충분히 파악할 필요성을 느끼고 있다"라는 입장을 밝혔다. 그러나 이 공사는 이세키의 제안에는 부정적인 회답을 전하였다. 대신에 한국은 일본 정부 담당자의 수시 한국 출장에 대해서는 허용하겠다고 통지하였다.

이 조치를 계기로 일본 정부는 마에다前田利一 북동아시아 과장을 8월 7일부터 16일까지 한국에 파견하여 한국의 정세를 시찰하게 하였다. 마에다 과장의 방한은 군사정권 성립 후 외무 당국자로서는 최초의 방문이었고, 그 시찰 보고서는 이후 대한

對韓 외교 전개에 있어 유력한 자료가 되었다. 마에다 과장은 최고회의 간부와 외무부 당국자, 민간 유력자 그리고 주한 미국 대사관 당국자 등과 폭넓게 접촉하였다. 그 결과 마에다는 가장 가까운 일본의 협력을 얻어 곤란에 처해 있는 경제·사회를 재건하고 일본과 손잡고 함께 나아가기를 희망하는 한국 지도자의 결의를 곳곳에서 들을 수 있었다. 마에다는 귀국 후 외무성에서 "우리가 보고 들은 바에 한에서는 한일회담을 적극적으로 추진하려는 열의로 가득한 것 같다고 느꼈다"라는 뜻을 상부에 보고하였다. 또한, 대국적 입장에서 현 정권의 안정을 돕기 위해서는 일본으로서도 회담 재개에 응하여 회담을 타결로 이끄는 것이 좋겠다고 건의하였다.

김유택 특사의 방일과 청구권 금액 제시

　박정희는 제6차 회담 개최가 합의되자 청구권 문제에 관한 일본의 입장을 사전에 알아보고 정치적 타결 가능성을 모색하고자 일본 특사 파견을 검토하였다. 이전의 회담을 돌이켜 보건대 사무적 수준의 교섭만으로는 청구권 문제의 해결이 어렵다고 판단하여, 우선 청구권에 대한 한일 간의 현저한 차이를 좁히고 정치적 타결 가능성을 찾아보기 위한 노력의 일환이었다. 특사로 지명된 사람은 김유택 경제기획원 장관이었다.

　김유택은 이승만 정부 때 주일대사를 역임하였으며 일본 정계·재계에 안면이 넓고 한일회담 경험이 풍부한 경제통이었다. 김 특사의 방일은 이동환 공사와 외무성의 사전 접촉 결과 자민당의 일한문제간담회 회장인 이시이의 초청 형식으로 실현되었다. 군사정권은 김 특사의 방일에 즈음하여 대일 교섭 방침에 관한 두 개의 큰 카드를 준비하였다. 하나는 청구권 문제와 평화선 문제를 연계하여 일괄 타결함으로써 연내에 회담을 종결시킨다는 것이었다. 또 하나는 청구권 규모를 8억 달러 선에서 제시하는 것이었다. 일본에 정치적 타결을 촉구하여 이 정도 선에서 해결의 가망이 보일 경우, 타결을 서두르겠다는 것이 군사정권의 복안이었다.

8월 30일 김유택은 일본에 도착하여 이케다 수상을 비롯한 주요 각료와 자민당 수뇌부 및 재계 지도자들을 두루 접촉하며 의견을 교환하였다. 김 특사는 일본 지도자들과의 일련의 접촉을 통하여 일본이 생각하고 있는 청구권 금액의 액수를 파악하고자 노력하였으나, 일본은 이러한 의향 타진에 대해 무반응에 가까운 신중한 태도로 일관하였다. 김 특사는 일본 정부의 수뇌부에 한국의 요구액으로 8억 달러 안을 제시하였다. 이에 대하여 일본 언론은 일본이 일단 요구를 들어두되 회답을 주지는 않았다고 보도하였다. 한국 외무부 내부자료에 따르면, "그즈음 김 원장은 한국의 대일 청구권에 대한 타결 선으로 8억 달러를 제시하고 일본은 5천만 달러를 제시하였다"라고 기록되어 있다.

9월 7일 김 원장은 고사카 외상과의 두 번째 회담에서, "청구권 문제는 대국적 견지, 혹은 대소고지에 서서 정치적으로 해결할 수밖에 없다"라고 역설하였다. 고사카 외상은 "대소고지의 견지에서 타결하더라도 사무적으로 교섭을 진행한 후 국회의 승인도 받아야 한다는 전제를 벗어날 수는 없다고 주장하였다. 즉, 고사카는 원칙적으로 김 특사의 주장에 동의하면서도 일본의 국내 사정 때문에 성급한 정치적 해결은 곤란하다고 밝혔다. 결국, 이 회담에서는 이후 청구권 교섭은 정치적 절충과 사무적 교섭을 병행하는 방식으로 진행한다는 운영 방식에 대해 의견을 모으는 데 그치고 말았다.

김 원장의 방일은 애초 군사정권이 기대했던 것과는 달리 청구권 금액에 대하여 접근하기는커녕 일본이 의외로 신중하여 준비 부족 상황에 있다는 것을 다시 한번 인식한 계기가 되었을 뿐이었다. 그러나 일본 국내에서 한일 간 대화 분위기를 고조시킨 것은 하나의 성과였다. 김 원장의 방일을 계기로 군사정권은 일본 국내에서 한일 문제에 대하여 상당한 의견의 편차가 존재한다는 점을 깨닫게 되었다. 특히 사무 당국의 원칙론과는 달리 자민당 내 우파 그룹과 친한파가 한일회담에 열의를 가지고 있다는 점을 확인하였다. 그리하여 이후 회담에서는 이러한 세력의 움직임과 연계하는 것이 효과적이라는 인식을 갖게 되었다.

제6차 회담 개시와 박-이케다 회담

　김 원장의 방일과는 별도로 사무적인 수준에서 회담 재개를 위한 접촉이 계속되었고, 9월 25일 이동환 공사와 이세키 국장은 제6차 한일회담을 재개하기로 합의하였다. 제6차 회담은 종래의 회담 방식에 따라 현안별로 분과위원회를 열어 실무적 토의를 전개하였다. 10월 20일 최초의 대표회담에서는 양국 수석대표의 기조연설이 있었다. 배의환 수석대표는 "한일 양국은 10년 전의 제1차 회담 이래 다섯 차례의 회담을 계속하였지만 한일 간의 문제를 해결하지 못하였다"라고 전제하고, "이번 회담에서는 불행한 과거를 넘어 모든 현안을 상호 협력의 정신으로 해결함으로써 새로운 관계가 펼쳐질 수 있기를 기대한다"라고 말하였다. 스기杉道助 수석대표는 "한국 국내 정세의 진전에 깊은 관심을 가지고 주시하였던 일본 국민과 정부는 한국의 신정권이 일한 국교 정상화를 중요한 정책의 하나로 정한 것을 환영한다"라고 말하고, "이번의 회담이 최종 회담이 되어 이전의 현안이 원만히 해결될 수 있도록 노력하기로 결심하였다"라며 일본 정부의 조기 타결 자세를 표명하였다. 제6차 회담은 분과위원회별로 열려 1962년 3월 정치회담으로 전환될 때까지 본회의 4회를 비롯하여 청구권 11회, 어업 및 평화선 16회, 선박 9회, 문화재 7회, 재일 한국인의 법적 지위 4회의 회담이 개최되었다.

제6차 회담이 개시되어 실무 수준의 토의가 진행되기 시작했던 1961년 10월, 군사정권은 회담의 조기 타결을 촉진하고자 박정희 의장이 직접 방일하여 이케다 수상과의 정상회담을 실현하려는 획기적인 구상을 드러냈다. 박 의장의 방일 계획은 군사정권 내 제2의 실력자였던 김종필 중앙정보부장의 건의로 이루어졌다. 김 부장은 박 의장의 방일을 주선하기 위해 10월 24일 극비리에 도쿄로 날아갔다. 김 부장은 이케다 수상과의 회의 석상에서 "우리는 오로지 조국 근대화라는 사명감을 가지고 혁명을 결행하였다. 일본의 협력이 필요하다. 박정희 장군은 11월 중순에 미국을 방문할 예정인데 총리와의 회담을 희망하고 있다. 현안의 해결을 위해서 양국 정상의 의사를 확인하고 성명도 발표하자. 이를 위해 박 장군이 나를 파견한 것이니 총리도 특사를 보내 박 장군의 방일이 실현될 수 있도록 해 주면 고맙겠다"라고 말하였다. 이케다 수상은 김 부장의 제안을 수락하였다. 이어서 김 부장은 기시, 이시이, 사토, 코노, 오노 등 자민당 파벌 영수들과도 비공식적인 접촉을 거듭하면서 자민당 실력자들의 대한對韓 정책 의향을 타진하였다.

11월 3일 이케다 수상은 김 부장의 제안대로 수석대표인 스기를 특사로 한국에 파견하였다. 스기 대표는 박 의장을 방문하여 이케다 수상의 친서를 전달하고 박 의장의 방일을 정식으로 요청하였다. 이 친서의 내용은 박 의장의 방일을 요청하는 동시에 양국의 국교 정상화를 조속히 실현하고 싶다는 일본의 열의를 전달한 것이었다. 1961년 11월 11일 박정희 의장은 하네다 공항에 도착하였다. 이케다 수상은 직접 공항에 나와 국빈으로서의 예우를 표하였다.

박-이케다 회담은 11월 12일 수상관저에서 열렸다. 박 의장은 청구권에 대하여 "우리 혁명정부는 이 호기를 놓치지 않고 회담이 조속히 타결되기를 희망하고 있다. 일본이 충심에서 한일 문제 해결에 성의를 보인다면, 가령 청구권 문제에 성의를 보여 준다면 우리는 자유당 정부와 같은 막대한 금액의 청구권을 요구하지 않겠다. 그뿐만 아니라 경우에 따라서는 정치적인 배상 등도 요구하지 않을 작정이다"라고 말하였다. 이케다는 이 발언에 감사를 표시하고 일본으로서도 최대한의 성의와 노력을 기울이겠다고 약속하였다.

회담 후 가진 기자회견에서 박 의장은 "수상이 한일 문제 해결에 성의를 가지고 있다는 인상을 받았으며 나는 이 회담에 상당히 만족하고 있다. 청구권 문제는 아직 사무적 절충이 충분히 진전되지 않아 구체적인 토의는 없었다. 한국은 전쟁 배상을 요구하고 있는 것이 아니고 확고한 법적 근거에 기반하여 요구하고 있으므로 이 문제에 대해 일본이 어느 정도 성의를 표시하는가가 조기 타결의 관건이다. 청구권 문제에 대하여 일본 정부가 한국 국민이 납득할 수 있을 정도로 성의를 표시하면, 한국 정부로서도 평화선 문제에 대해 신축성 있게 대처할 용의가 있다"라고 하였다.

같은 날 자민당이 주최한 박 의장 환영 오찬이 열렸다. 이 자리에서 박 의장은 "우리는 아직 경험이 적고 미숙하다. 그러므로 시행착오도 있을 것이다. 그러나 우리는 일본이 메이지 유신을 실현했던 것같이 지사와 같은 사명감을 가지고 겸허한 자세로 한국을 부강한 나라로 건설하려고 각오하고 있다"라고 연설하였다. 이 연설은 기시를 비롯하여 자민당 간부들에게 깊은 감명을 주었다. 자민당의 지도자들은 "박 의장을 무서운 사람이라고 생각하고 있었는데 실제로 만나 보니 좋은 점이 많았다"라고 털어놓았다. 같은 날 오후 박 의장은 30시간의 체류 일정을 마치고 케네디 대통령과의 회담을 위해 미국으로 출발하였다.

박 의장의 짧은 방일은 일본 지도자들에게 강렬한 인상을 심어 주었다. 특히 박 의장이 '배상 성격의 청구권은 제기하지 않을 용의'를 넌지시 비춘 것과 "일본이 청구권 문제에 성의를 보여 주면, 한국도 평화선 문제에 대해 신축성 있게 처리할 용의가 있다"라고 말한 것은 큰 파문을 일으켰다. 청구권과 평화선에 관하여 정부 수반이 양보의 가능성을 표명한 것은 이번이 처음이었다. 박 의장의 이러한 대일 자세는 일본의 식민 지배를 비판하면서 그에 대한 사과와 보상을 요구해 왔던 종래의 한국 정권의 대일 어프로치와는 완전히 다른 한 획을 긋는 것으로 간주되었다.

박 의장이 떠난 후 일본은 박 의장의 청구권에 대한 발언을 확대해석하여 박 의장이 청구권 처리 방식에 대해 일본의 제안에 동의하였다는 주장을 전개하기 시작하였다. 박-이케다 회담의 성과에 대하여 『아사히신문』은 다음과 같이 보도하였다.

"이케다-박 회담이 가져온 성과에서 무엇보다도 주목할 것은 청구권의 '처리 방식'에 대하여 쌍방이 합의에 도달하였다는 점으로, 구체적으로는 다음의 세 가지이다.

1) 한국의 대일 청구권 요구는 개개의 한국인의 은급, 미지불 임금 등을 중심으로 한 청구권이지 배상적인 것이 아니라는 일본의 주장을 한국이 인정한 점.
2) 청구권 문제는 사무적인 자료 대조를 통해 계산해야 하는 것으로, 단번에 정치적 절충에서 그 액수를 결정할 수 없다는 일본의 입장이 인정되었다는 점.
3) 청구권을 엄밀하게 산정하는 대신 경제적 협력을 한국에 극히 유리한 조건으로 공여할 것."

또한 이세키 아시아 국장은 자민당 내 일한문제간담회에서의 보고를 통해 "한국의 대일 청구권은 법률상의 근거가 있는 것에 한하여 지불하기로 합의하였다. 법적 근거가 있는 청구권은 은급, 우편저금, 징용자 급료 등이다"라고 발언하였다. 한국 대표단과 외무부는 이세키 국장의 발언에 대해 즉각 "양국 정상의 단독 요담 내용을 일방적으로, 그것도 사실을 왜곡하여 누설하는 것은 외교 관례에 위반되는 것"이라고 반박하였다. 요컨대 한국은 박 의장의 "근거가 있는 것만을 요구한다"라는 발언을 일본이 "합법적 근거자료가 남아 있지 않은 국가 간 배상의무에 대해서는 한국이 이를 포기한다"라고 확대해석하였기 때문에 반발한 것이다. 정상회담의 분위기가 채 식기도 전에 일어난 이 대립은 이케다 수상이 중의원에서 "청구권을 개인에 한정하기로 합의되었다는 것은 오보이다"라고 해명함으로써 수습되었다. 어쨌든 박 의장의 방일은 한일회담을 새로운 국면으로 끌고 가는 역할을 하였다.

외상 회담(1962.3)의 결렬

정상회담과는 별도로 사무적 수준에서의 교섭도 활발히 진행되었다. 청구권위원회는 1961년 10월 20일 제6차 회담 시작 이래 1962년 3월 초까지 11회에 걸쳐 회의를 열어 한국 측의「8개 항목」의 청구권 요구를 중심으로 전문적인 검토를 계속하였다. 그러나 사무적 교섭에서는 법률론과 사실관계 인식의 양면에서 양국의 견해가 전적으로 상반되어 실무적으로 청구권 문제를 해결하는 것은 불가능하다는 인식이 심화했을 뿐이었다. 이에 따라 한국은 고위 수준의 정치회담을 열어 청구권 문제를 정치적으로 타결하려는 방침을 굳히게 되었다. 청구권 문제를 하루빨리 해결하기 위해서는 어떻게 해서라도 사무적 교섭을 뛰어넘는 정치적 절충을 통한 결단이 요구된다고 판단하였다.

12월 20일 배 수석대표는 이케다 수상을 방문하여 가능한 한 빨리 고위 수준의 회담을 열어 사무적 절충으로는 해결할 수 없는 문제를 대국적 견지에서 매듭짓자는 군사정권의 희망을 표명하였다. 1962년 1월 12일 배 대표는 기자회견에서, "한국 정부는 한일 양국관계의 조기 정상화를 희망하고 있다. 한국은 경제 재건 등과 같은 곤란한 문제들을 안고 있으므로 조속히 고위 정치회담을 개최하여 한일 간의 문제가 해결되기를 희망하고 있다. 청구권 문제에 관해 양국 간에 상당한 견해차가 있으며, 더는 실무 차원에서 해결할 수 없는 단계에 도달했다. 그러므로 이의 해결을 위해서는 정치적인 해결을 모색해야 한다고 생각한다"라고 하였다. 이는 한국이 정치회담에 얼마나 기대와 희망을 걸고 있었는지 잘 드러나는 발언이었다.

결국, 1월 17일 한일 양국 수석대표 사이에 정치회담 개최에 대한 합의가 이루어져 "1) 실무적 교섭에 의한 절충은 한계에 도달하였으므로 정치적 절충을 조속히 갖도록 하되, 중의원의 예산 심의가 끝나는 3월 초순부터 정치적 절충을 시작한다. 2) 정치적 절충은 한 달 정도에서 해결하고, 이후 한 달 정도 사무적인 검토를 한 후, 3) 5월 중에는 조약의 조인에 들어간다"라는 사항이 합의되었다.

정치회담 개최를 두 달 남기고 있던 1월 중순, 일본 정부는 청구권 금액 산정작업에 들어갔다. 1962년 1월 9일 이케다 수상이 외무성과 대장성에 청구권에 대한 금액 결정을 지시하였기 때문이다. 1월 10일 이케다 수상에게 최종적으로 제출된 금액은 외무성이 7,000만 달러, 대장성이 1,700만 달러로, 양자의 금액 차이는 여전히 조정되지 않고 있었다. 청구권 명목으로서 일본 정부가 예정하고 있던 1,700만 달러 내지 7,000만 달러의 금액은 한국의 요구와는 너무나도 차이가 컸다. 1961년 9월 초에 김유택 특사가 일본에 제시했던 청구권 금액은 8억 달러였다. 그 후 1962년 1월 박 의장은 배 수석에게 구두로 "일본이 경제협력이라는 말을 꼭 사용하고 싶다면, 청구권과 경제협력을 합하여 5억 달러 선에서 합의하도록 하라"라고 지시했다. 단, 경제협력을 합하여 5억 달러 선도 어디까지나 꼭 지켜야 할 최저선으로서 배 수석에게 지시했던 것으로, 실제 훈령의 형태로 지시한 것은 아니었다. 외상 회담은 처음부터 이런 양국의 청구권 금액에 대한 격차가 존재하는 상황에서 개최되었다.

한일 외상 회담은 1962년 3월 12일부터 17일까지 5차례에 걸쳐 개최되었다. 제1차 외상 회담은 한국에서는 최덕신 외무, 배의환 수석, 문철순 정무국장, 엄영달 아주과장, 최영택 참사관이, 일본에서는 고사카 외상, 스기 수석, 이세키 국장, 마에다

북동아 과장이 참석한 가운데 3월 12일 외무성에서 열렸다. 이 회담에서 고사카 외상은 "1) 청구권 문제는 북위 38도선 이남만의 문제로 북한의 대일 청구권은 제외한다. 2) 한국이 몰수한 방대한 재한 일본 재산을 고려할 때 한국의 청구권 요구는 낮춰져야 한다. 3) 한국은 몰수한 재한 일본 재산의 목록을 일본에 제시해야 한다"라고 주장하였다.

이러한 주장은 한국이 기대한 '성의'와는 완전히 동떨어진 것이었다. 이에 한국이 크게 반발하였음은 말할 필요도 없다. 한국은 당초 고위 수준의 정치회담에서는 "법률론을 뛰어넘어 바로 정치적인 절충으로 들어간다"라는 방침을 정해 놓고 청구권에 대한 일본의 성의 있는 금액 제시를 기대하고 있었기에 고사카 외상의 법률론에 기반한 원칙적 주장에 실망과 분노를 느꼈다. 특히 "한국의 청구권은 북위 38도선 이남으로 한정한다"라는 주장은 한국으로서는 묵과할 수 없는 중대한 문제로 인식되었다. 이를 달리 해석하면, "한국을 한반도의 유일한 합법 정부로서 인정하지 않는다"라는 견해가 되기 때문이었다. 이렇게 하여 외상 회담은 처음부터 험한 분위기 속에서 진행될 수밖에 없었다.

3월 14일 오전에 열린 제2차 외상 회담에서는 고사카 외상의 청구권에 대한 기본 견해에 대하여 최 외무장관이 총괄적인 반론을 제기하였다. 최 장관은 청구권 처리의 법적 근거가 되는 샌프란시스코 강화조약 제4조의 해석에 관한 종래의 한국 입장을 재차 강조하고 한국의 지배권은 북한에도 미친다고 역설하였다. 이로써 청구권을 둘러싼 쌍방의 기본적인 견해 표명이 일단락되었다.

제3차 회담부터는 두 외상과 스기, 배 수석대표 4명만의 비공식 회의로 진행되었다. 이후의 회담에서도 청구권에 대한 양자 입장이 깊이 토의되었으나 정작 중요한 청구권 금액에 대해서는 정치적 절충에 들어가지 못하고 어업 문제와 문화재, 선박, 독도 영유권 등의 현안에 대한 양자의 기본적인 입장이 개진되었을 뿐이었다. 다만 한 가지 주목할 것은 이 회담에서 한일 쌍방의 청구권 금액 제시가 있었다는 사실이다. 단, 금액 제시가 있기는 하였으나 절충과 조정이 이루어지지는 않았다. 고사카 외상은 회담 중에 최 외무장관과 별실에 들어가서 "순수 청구권 변제 7,000만 달러, 일반 차관 2억 달러"의 청구권 금액을 제시하였다. 그 당시 한국이 제시했던 청구권 요구액은 7억 달러였다.

양국이 제시한 청구권 금액은 7억 달러 대 7,000만 달러였고, 한국은 일본이 제시한 일반 차관 명목 2억 달러에 대하여는 이를 거부하였다. 한국은 청구권 금액의 차이를 해소하기 위해 무상공여를 추가하여 양자의 차이를 줄이는 방안을 제시하였으나 일본은 이 제안에 대해 난색을 보였다. 최-고사카 회담에서 일본이 공식적으로 청구권에 대한 구체적인 금액을 제시했다는 것은 일본의 입장이 특정한 방향으로 움직이기 시작했음을 암시하는 것이었다. 즉, 한국의 청구권 요구 자체가 타당한 것인지에 대해서도 의견이 분분하던 일본이, 어느 정도 청구권의 변제를 불가피한 것으로 받아들이고 구체적인 금액 조정에 착수했다는 것이다.

이즈음 자민당 내에서 의견이 수렴된 해결 방식은 다음의 3단계 방식이었다. "1) 순수 청구권 변제 형식으로 일정한 액수를 한국에 제공한다. 이 금액은 고사카가 제안했던 7,000만 달러 선에서 내정되어 있었으나, 이는 개인 차원의 청구권에 대해 일본이 변제하는 금액이었다. 2) 청구권 변제에 대해 한국이 반드시 불만을 가질 것을 예상하고, 이를 무마할 목적으로 무상원조 형식의 일정한 액수를 한국에 제공한다. 3) 위의 두 가지 방식의 무상공여 이외에 한국이 만족할 수 있는 선까지 일정한 액수의 상업차관을 실시한다." 여기서 최후의 차관 항목은 청구권과는 무관한 것이었으나, 일본은 무상공여에 대한 한국의 불만을 무마하기 위해서는 상업차관 활용이 효과적이라고 판단하였다. 이러한 3단계 방식은 명목상 약간의 변동은 있었다 할지라도 결국 청구권 문제의 최종 해결에 기본적인 골격으로 채용되었다.

양국 정부의 외상이 처음으로 안을 제시하긴 하였지만, 두 외상은 교섭 무대의 주역이 아니었다. 두 사람 모두 외상이면서도 실질적으로는 전권이 위임되어 있지는 않았다. 최 외무장관은 군사정권의 주체 세력이 아니었으며, 고사카 외상 또한 내각이 결정한 청구권 금액의 규모를 제시하는 역할을 하였을 뿐 교섭의 재량권을 갖고 있지 못했다. 결국 외상 회담은 여러 차례에 걸친 절충에도 불구하고 청구권 문제의 처리 등 주요 현안에 대해서는 쌍방의 의견 접근을 거의 보지 못한 채 종료되었다. 폐막 후 발표한 공동성명에서 '결렬'이라는 표현은 사용하지 않았지만, 사실 이 회담에서는 합의된 사항이 아무것도 없었다.

고사카 외상은 3월 17일 외상 회담 종료 후의 기자회견에서 "일한 쌍방의 견해가 너무나도 벌어져 있다고 느꼈지만, 이것도 국교 정상화로 향하는 하나의 과정이라고 생각한다. 한국은 청구권의 요구액을 제시하고 싶어 했으나 쌍방의 견해 차이가 너무 큰 상태에서 숫자만을 서로 제시하는 것은 의미가 없다고 생각하여 우리는 상대방의 숫자를 받지 않았다"라고 외상 회담의 결과를 설명하였다. 한편 최 장관은 외상 회담에 대해 "반드시 실패로 끝났다고는 생각하지 않으며, 장래를 위한 토대를 구축할 수 있었다. 대일 청구권은 일본이 주장하듯이 법적 근거로만 따질 문제가 아니며, 또한 무상공여나 유상의 경제원조를 추가한 일괄 지불 방식에도 찬성할 수 없다"라는 내용의 담화를 발표하였다. 결국, 외상 회담은 청구권을 축으로 하는 현안에 대하여 깊은 정치적 절충으로 들어가지 못하고 쌍방의 원칙적인 입장을 확인하고 격론만을 교환한 채 실패로 끝났다. 외상 회담 실패로 인해 한일회담은 5개월간의 휴식 상태에 들어갈 수밖에 없었다.

그렇다면 외상 회담에서 고사카 외상이 한국의 강한 반발을 충분히 예측하면서도 강경한 입장을 고수하여 회담을 결렬로 이끌었던 것은 도대체 무엇 때문인가? 즉, 고사카 외상은 청구권 문제와는 직접적인 관련이 없는 독도 영유권 문제와 주한 일본대표부 설치 문제를 언급하여 한국을 자극하였다. 또한, 청구권 문제에 대하여도 "한국의 청구권은 38도선 이남에 한정된다"라고 발언하는가 하면 청구권에 관한 법적 근거와 증거 서류 제시를 요구하였다. 이 발언의 의도는 기본적으로 일본의 청구권 지불 금액을 최소한도로 국한시키려는 데 있었던 것으로 보인다. 대장성과 외무성의 청구권 산정 금액은 최대한으로 잡아도 7,000만 달러에 불과하였고, 한국이 요구하는 7억 달러에는 아무리 해도 가까워질 수 없는 것이었다. 이러한 상황에서 고사카 외상이 제시했던 일반 차관 명목의 2억 달러는 10 대 1의 큰 차를 조금이라도 줄여 보려는 궁여지책에서 나온 것이었다.

또 하나의 숨은 의도는 청구권 해결을 지연시키려는 것이었다. 일본은 청구권 금액에 대해 국내에서의 조정이 이루어지지 않았고 대장성, 외무성, 자민당의 견해가 서로 근접하는 단계에까지 미치지 못했다. 이와는 대조적으로 한국은 경제개발 5개년 계획의 추진을 위해서 하루라도 빨리 일본으로부터의 청구권 자금 도입이 필요했기 때문에 청구권 문제의 조속한 타결을 원하고 있었다. 따라서 청구권 해결을 지연시키는 것은 일본으로서는 결코 불리한 일이 아니었다. 7월의 참의원 선거를 눈앞에 두고 있던 이케다 정권으로서는 '제2의 안보 투쟁'으로 발전할지도 모르는 한일 문제에 성급히 손을 대야 할 필요성을 느끼지 못했다. 당시의 정세에서 한일 문제는 선거 전략상 악재였고, 자칫 잘못하면 이케다 정권의 정치생명을 위태롭게 할 수 있는 사안이기도 하였다.

정치회담 예비 절충

 1962년 3월 외상 회담이 결렬된 이후 한일교섭은 4개월간 중단되었다. 단, 이 기간에도 스기 수석, 이세키 국장과 배 수석, 최 참사관 사이에 이후의 회담을 유지하기 위한 최소한의 접촉은 계속되었다. 한일회담 재개의 움직임이 태동하기 시작한 것은 7월 14일 참의원 선거 승리 후 이케다가 수상에 재선된 직후의 일이었다. 그는 재선 직후에 가진 기자회견에서 "이후 일한 국교 정상화에 적극적으로 대응해 나가겠다"라는 결의를 표명하고, "2년간의 재임 기간 중에 회담을 종료하겠다"라고 하여 한일 문제에 대해 상당히 적극적인 자세를 보였다. 또한, 일본 국내에서도 조기 타결론자의 주장이 점점 강해지고 있었다.
 참의원 선거 직후 요시다 전 수상도 이케다의 태도가 소극적

이라고 비판을 가했다. 그는 "한국이 공산화되면 일본의 방위도 보장할 수 없다"라는 사실을 지적하고, "일한 간의 협력관계가 필요하다"라고 주장하였다. 재계도 이케다 신내각 등장과 때를 같이하여 한일 문제의 조속한 해결에 압력을 가하였다. 일본상공회의소의 아다치 회두는 "한일 문제 해결의 호기를 놓치지 말고 적극적으로 추진하는 것이 좋다"라는 주장을 피력하였다. 또한, 자민당 일한문제간담회의 이시이 회장은 7월 13일 이케다 수상에게 "한국은 일본과의 대화를 참의원 선거 후로 고려하는 것 같다. 따라서 정부는 조속한 대화를 진행하는 것이 좋다고 생각한다. 이제 국면을 타개하는 방법으로 정치적 절충이나 사무적 절충 등의 너무 엄격한 방식에 얽매이지 말고, 예를 들면 민간 수준에서 자유롭게 대화할 수 있는 인물을 뽑아서 상대의 입장이나 기대 등을 타진해 보는 방법도 있다고 생각한다"라고 진언하였다.

이러한 분위기 속에서 7월 14일 제2차 이케다 내각의 외무대신으로 오히라가, 대장성 대신으로 다나카田中角榮가 등용됨에 따라 한일 문제 해결에 일단 박차가 가해졌다. 특히 이때까지 한일 문제에 대해 소극론자로 알려졌던 오히라 외상은 외상 취임 후 한일 문제의 적극적인 해결 쪽으로 자세를 바꾸어 본격적인 구상을 다듬기 시작하였다. 7월 24일 오히라 외상은 스기 수석, 다케우치武內龍次 외무차관, 이세키 아시아 국장, 나카가와中川融 조약국장 등으로부터 청구권 문제의 해결 방식에 대한 설명을 듣고 이후의 방침을 토의하였다.

한일교섭의 진행 방식에 대하여 외무성은 오히라 외상에게 다음과 같이 설명하였다. "내년 여름으로 예정된 민정 이양 후에 한국에서 의회가 생기고 정당이 나온다면 교섭이 전쟁처럼 될 것은 틀림없으며, 그렇게 된다면 강경한 대일 주장이 다시 고개를 들 것이다. 따라서 일본으로서는 상당히 대처하기 힘들게 된다. 늦어도 내년 1월 정도에는 조인을 끝내야 한다. 요컨대 군사정권과 문제를 해결하려고 한다면, 이번 가을이 최후의 기회이다." 오히라 외상은 이러한 외무성 당국의 생각에 대해 기본적으로 동의를 표시하였으며, 외교 당국에 "국교 정상화를 하면 어떠한 무역상의 이익이 있나", "왜 미국은 한일 정상화를 희망하는가" 등에 대해 검토할 것을 지시하여, 마침내 청구권 문제를 본격적으로 타결 짓기로 결심을 굳혔다.

한편, 7월 26일 배·스기 양 수석의 회담에서 한일교섭의 재개 원칙에 대한 합의가 이루어져 8월 중에는 도쿄에서 제2차 정치회담을 위한 예비 절충을 시작하는 것으로 의견 일치를 보았다. 이 예비 절충이 마련된 이유는 제2차 정치회담에서 최종적인 해결을 도모하기 위해서는 무슨 일이 있어도 청구권 문제를 비롯한 대립 중인 현안들에 대한 사전 절충이 필요하다는 판단에서였다. 즉, 3월에 결렬로 끝났던 외상 회담으로부터 교훈을 얻어 이번의 정치회담에서는 예비적인 정치적 절충을 함으로써 어느 정도 쌍방의 의견을 미리 조정한다는 생각이었다.

예비 절충 개시일이 가까워짐에 따라 오히라 외상은 청구권 처리에 대한 일본의 복안 작성에 착수하였다. 우선 오히라 외상은 자민당과의 의견 조정을 위해 오노 부총재, 기시, 사토, 코노, 후지야마, 미키, 이시이 등의 당내 실력자를 비롯해 마에오 간사장, 아카기 총무회장, 가야 정조회장의 당 3역과 만나 예비 절충에 임하는 자신의 견해를 설명하였다. 이 접촉을 통해 오히라 외상은 이번 절충을 모두 자신의 책임하에 진행하는 것에 대한 양해를 얻어 냈다.

8월 17일 이케다 수상은 오히라 외상, 다나카 대장상, 쿠로가네黑金泰美 관방장관을 불러 교섭 재개에 임하는 정부의 기본 방침을 협의하였는데, 이 자리에서 오히라 외상은 청구권 처리에 대한 자신의 복안을 제시하였다. 그 구상은 청구권 금액을 순수 청구권, 무상공여, 장기차관의 세 부분을 전부 합하여 3억 달러에 가까운 액수로 책정하고, 이 지불액을 전후 일본 정부가 배상 방식으로 채용해 온 것처럼 역무와 자본재로 충당한다는 것이었다. 이는 청구권을 사무적으로 산출해 내는 것만으로는 도저히 타결될 가망이 없다는 판단에서 정치적인 고려하에 청구권 문제를 해결한다는 것이었다.

엄밀한 의미에서의 청구권으로는 개인의 청구권만을 고려한다는 일본의 종래 주장을 견지하면서도, 여기에 어느 정도의 무상공여와 유상의 경제협력을 더하여 총액으로 한국의 요구에 접근해 간다는 것이었다. 따라서 이 구상의 핵심은 금액에서 한국의 요구에 접근하지만, 그 대신 한국이 요구하는 청구권 명목에 대하여는 이를 포기시키려는 것이었다. 이른바 '경제협력 방식'에 의한 청구권 해결 노선이었다. 8월 20일 이케다 수상이 오히라 외상의 구상을 전면적으로 승인함으로써 예비 절충에 임하는 일본의 기본 방침이 최종적으로 확정되었다.

1962년 8월 21일 한일 양측 간부 2명이 참석하는 정치회담의 예비 절충이 외무성에서 시작되었다. 한국에서는 배의환 수석대표와 최영택 참사관이, 일본에서는 스기 수석대표와 이세키 외무성 아시아 국장이 출석하였다. 이 예비 절충은 1962년 11월 김-오히라 메모에 의해 청구권 문제의 대강이 결정될 때까지 14회나 열렸으며, 이 예비 절충의 성과를 토대로 김-오히라 간의 정치적 담판이 이루어질 수 있었다. 일본은 이 예비 절충 석상에서 이제까지 준비해 온 오히라 구상을 실행에 옮겼다. 즉, 이 자리에서 처음으로 일본이 '경제협력 방식'을 제안한 것이다.

8월 21일의 제1차 회합에서 스기 수석은 청구권 문제에 대한 일본의 해결 방법을 문서 형태로 한국에 전달하였다. 여기에서 청구권 명목을 포기시키는 대신에 경제협력을 행한다는 이른바 '경제협력 방식'이 제시되었다. 즉, 이 문서에서 스기 수석은 첫째, "청구권 지불에 있어서 청구권 명목과 무상공여 명목을 동시에 사용하는 것은 곤란하다. 만약 두 가지 명목을 동시에 사용할 경우에는 청구권의 각 세부 항목을 엄밀하게 산출해야 한다. 외상 회담이 있었을 때 7,000만 달러를 제시하였지만, 청구권과 무상공여의 두 가지 명목을 동시에 사용하면 청구권 명목의 금액은 7,000만 달러를 훨씬 밑돌게 된다"라고 하였다. 둘째, "무상공여 명목으로 처리할 때는 이 처리로 한국의 대일 청구권이 해결되었다고 한국이 말해야 한다. 한국이 이런 취지의 말을 하지 않는다면 법적으로 대일 청구권은 그대로 남게 되는 셈이기 때문이다. 그러므로 일본이 무상공여로 지불하면 한국은 청구권을 포기하겠다고 말해야만 이후 다시 청구권을 주장하지 않는다고 할 수 있다"라고 하였다.

일본의 청구권 포기 제안에 대해 한국이 강하게 반발하였음은 말할 나위도 없다. 결국, 이 문제에 대해 한일 양측은 격렬한 논쟁을 되풀이하였다. 일본은 '청구권' 명목을 포기하면 상당한 금액을 제공받을 수 있다고 제안함으로써 7억 대 7,000만 달러의 10 대 1이라는 금액 격차를 해소할 방법을 시사하였다. 그러나 한국으로서는 국내 정치상 '청구권' 명목의 포기를 받아들일 수 없는 사정이 있었다. 8월 24일의 제2차 회합에서도 명목 문제를 둘러싼 공방이 계속되었다. 배의환 대사는 청구권에 대한 원칙적인 기본 입장을 문서 형태로 전달하였으며, 이 문서에는 무엇보다도 청구권이 과거 청산으로서의 성격을 갖는다는 점이 강조되었다.

명목을 둘러싼 한일 간의 대립이 표면화되고 있는 상황에서 한국은 다음의 두 가지 방안을 제안하여 교섭의 돌파구를 열어 보려 하였다. 그 하나는 청구권의 명목에 있어서 종래의 청구권 단일 명목으로부터 약간 후퇴하여, "청구권의 테두리 내에서 순 변제+무상"의 형식으로 해결한다는 방식이다. 또 다른 하나는 명목만을 분리하여 논의하지 말고, 명목과 금액을 동시에 병행하여 논의하자는 것이었다. 이 제안을 실마리로 양자는 금액과 명목을 제시하였다. 일본은 "무상 1억 5천만 달러+차관"을, 한국은 "청구권의 테두리 한에서 순 변제 3억 달러+무상 3억 달러"를 제시하였다. 8월 29일에 열렸던 제3차 회합에서도 명목 문제를 두고 서로 격돌하였고, 합의에 이르지 못하였다.

제3차 회합 종료 후에 배 대사는 박 의장에게 보낸 보고서에서 "최 참사관과 이세키 국장의 비공식 회담 결과에 따르면 일본은 무상 3억 달러에 낙찰하려는 의향이 있는 것 같다. 다만 명칭은 미정이고 예비회담 중에는 이 금액과 1억 달러의 간격을 두려는 것 같다"라고 일본의 진의에 대해 보고하는 한편, "정부 차관으로 2~3억 달러가 가능하리라고 보는 바, 만약 일본이 최종적으로 무상 3억, 유상 2억 달러 정도를 제안하면, 제 견해로는 그 선에서 낙찰하는 것이 우리로서도 유리하다고 생각한다"라고 중대한 건의를 하였다. 또한, 배 대사는 9월 14일 박 의장에게 보내는 보고에서, "우리 대표단은 정치회담 전에 '한국이 4억 달러, 일본이 2.5억 달러', 아니면 '한국이 4.5억 달러, 일본이 2억 달러'의 대립 상태를 유지하는 선에서 이끌어 나가기로 했다"라고 보고하였다. 즉, 배 대사는 청구권의 최종적인 해결 방식에 관해 "청구권 명목을 빼는 형태로 무상 3억 달러 + 유상 2억 달러"라는 안을 박 의장에게 건의하였다.

9월 13일의 제6차 회합에서 한국은 "일본의 무상금액을 최종적으로 3억 달러로 끌어올리기 위해서는 예비 절충 자리에서는 적어도 일본의 제시액을 2억 달러 선으로 올려놓아야 한다"라는 배 대사의 계산에 따라 금액상의 격차 축소를 도모하였다. 9월에 들어서부터는 청구권 문제의 타결을 예측하는 움직임이 다방면에서 나오기 시작하였다. 일본의 신문에는 "한국이 3억 달러의 금액으로 청구권에 합의할 것이다"라는 추측 기사가 보도되었고, 10월 초에는 3억 달러라는 숫자가 거의 확정된 것처럼 보도되었다. 9월 14일 박 의장은 한일교섭에 대하여 "타산보다도 국제정세의 고려가 필요하며, 국민의 비난을 각오하고라도 한일 양국의 정치 지도자는 이 회담을 조기에 해결하지 않으면 안 된다"라고 발언함으로써 타결이 점점 더 가까워졌음을 암시하였다.

한편 배 대사의 회고록에 따르면, 당시 미국도 3억 달러 안으로 해결할 것을 한일 양국에 촉구하였다. 즉, 배 대사가 라이샤워Edwin Reischauer 주일 미국대사에게 "적어도 무상 3억 달러가 되지 않으면 안 된다"라고 말하자, 라이샤워 대사도 "그 정도라면 가능하다고 본다"라고 답하였다. 또한, 9월 24일 뉴욕에서 열린 오히라-러스크 회담에서는 다음과 같은 내용의 이야기가 오갔다. "1) 미국은 한일 간의 국교 정상화에 큰 관심을 가지고 있으며, 오히라에게 이를 촉구했다. 오히라는 이번 기회에 반드시 타결하려는 의지를 보여 주었다. 2) 오히라는 러스크의 촉구에 따라 현재 일본이 제시하고 있는 1억 5천만 달러의 청구권 금액을 좀 더 증액할 용의가 있다는 것을 명확히 했다. 미국은 이에 사의를 표함과 동시에 가능한 한 금액을 올리도록 촉구하였다."

이렇게 청구권 타결 분위기가 고조되는 가운데, 9월 20일 제7차 예비 절충부터는 정치회담으로의 격상 문제가 논의되기 시작했다. 이 시점에서 한국은 정치회담으로의 격상을 서두른 반면, 일본은 예비 절충에서 마무리 작업을 더욱 추진할 것을 주장하였다. 그러나 9월 27일 제8차 이후의 절충부터는 청구권 금액을 둘러싼 대화가 중단되고, 그 대신에 정치회담 개최 문제가 논의의 중심이 되었다. 결국 청구권 문제는 정치회담에서 해결하기로 하고, 이 정치회담의 주역은 한국의 김종필 중앙정보부장과 일본의 오히라 외상이 맡기로 하는 데에 양자가 합의하였다. 즉, 10월 21일 김 부장의 방일 시에 김-오히라 회담을 열고 최종적인 타결을 도모하기로 하였다. 어쨌든 8월 21일부터 10월 18일까지 11회에 걸쳐 열렸던 예비 절충은 청구권의 처리 방식과 금액에 대해 쌍방의 의도를 서로 타진하는 데 있어서 매우 중요한 역할을 완수하였다. 예비 절충에서 확인된 쌍방의 입장은 그 후 김-오히라 회담에서 최종적으로 조정되어 타결에 이르게 되었다.

김-오히라 메모: 청구권 타결

 김-오히라 회담은 1962년 10월 21일과 11월 12일 두 차례에 걸쳐 도쿄에서 열렸다. 김-오히라 회담을 눈앞에 두고 박 의장과 김 부장 사이에는 이 회담에서 한국이 제시할 청구권에 관한 최종적인 카드를 찾기 위한 검토가 있었다. 검토 결과 결정된 한국의 방침은 "무상 3억 달러, 유상(해외경제협력기금) 3억 달러, 민간 베이스의 차관 3억 달러"를 골격으로 하는 것이었다. 10월 21일 제1차 김-오히라 회담에서 이루어진 청구권 문제에 관한 대화 내용을 요약하면 다음과 같다.

 첫째, 청구권 금액에 관해서 오히라 외상은 확정적 금액 제시를 요구하는 김 부장에 대해 대충 3억 달러를 생각하고 있다고 대답하였다. 단, 이 금액이 이케다 수상과 합의된 것은 아님을 명백히 하였다. 이에 대해 김 부장은 3억 달러 선은 한국이 도저히 받아들일 수 없는 금액이며, 한국은 6억 달러를 고려하고 있다고 하였다. 김 부장이 문제 해결을 위해 다른 방안을 모색할 용의가 없느냐고 묻자, 오히라 외상은 민간 차관 또는 은행 차관으로 보완하는 방안을 제시한 후에, 차관은 국교 정상화 이후에 하는 것이 좋겠다고 답하였다. 오히라 외상이 문제는 한국이 청구권으로 얼마를 요구하는 것인가에 있다고 하자, 김 부장은 청구권이 얼마라고 정확하게 대답할 수는 없지만 3억 달러 선은 불가능하며, 정부 대 정부 차관을 포함하여 6억 달러가 되어야 하며, 오픈 어카운트(무역상의 미청산 채무)를 청구권에 포함하여 일괄 타결하자고 말하였다. 오히라 외상으로부터 구체적으로 말해 달라는 요청이 있자, 김 부장은 그 정도의 합의를 보게 되면 양자 예비회담 대표에게 그 범주 안에서 토의시키는 것이 좋겠다고 답하였다.

둘째, 지불 기간에 관해서 오히라 외상은 연간 2,500만 달러, 12년 지불을 고려하고 있다고 하였고, 김 부장은 12년의 반 이하의 기간을 희망한다고 하였다.

셋째, 오픈 어카운트(미해결 무역 대금) 문제에 관해서 오히라 외상은 한국 실업인들이 오픈 어카운트를 다음 해 1월부터 분할하여 갚기로 하고, 그 대신 민간 차관을 고려해 달라는 요청이 있었는데, 한국 정부의 내락이 있었던 것으로 받아들여 청구권과는 별도로 취급하고 있다고 말하였다. 이에 대해 김 부장은 오픈 어카운트를 청구권에 포함하여 일괄 해결하는 것을 고려하고 있다고 하였다.

넷째, 차관에 관해서 오히라 외상은 국교 정상화 이후에 민간 또는 은행 차관에도 실링을 정하지 않고 하는 것이 좋겠다고 하였다. 이에 대해 김 부장은 청구권 범위 내에서 해석할 수 있는 정부 대 정부 무이자, 또는 저리의 장기 차관을 고려하고 있다고 말하였다.

다섯째, 청구권의 명목에 대해서 오히라 외상은 금액에 관련하여 국회 또는 국민을 납득시키기 위해 '독립 축하금' 또는 '원조금' 등의 단어를 내놓으면서, 이렇게 된 사정을 설명하고 이해를 구하였다.

이 회담의 내용은 현장에서 기록되지는 않고 둘의 메모로 전달되었기 때문에 양국 간에는 상반된 이해가 존재하였다. 따라서 양자는 김-오히라 회담 직후 예비 절충 자리에서 회담의 기록 내용을 대조하고 쌍방의 이해에 차이가 생긴 부분을 정리하는 작업을 계속하였다. 이후에 있을 제2차 김-오히라 회담의 공통된 기반을 서로 확인하기 위한 것이었다. 그 결과 정리된 점은 다음과 같았다.

첫째, 청구권 명목에 대하여 "오히라 외상은 '한국의 독립을 축하하는 명목' 또는 '경제 자립을 위한 원조금 명목'을 제시하였고, 김 부장은 구체적인 표현 문제는 다음에 협의하자고 말하였다"라는 것과 관련하여, 일본은 김 부장의 발언을 오히라가 제안한 명목에 대해 김 부장의 구체적인 반대가 없었던 것으로 이해하고 있었던 반면, 한국은 이는 화제가 다른 화제로 넘어갔기 때문이며 청구권 명목을 포기하였다는 것은 아니라고 이해하였다.

둘째, 금액에 관하여 "오히라 외상은 러스크 국무장관의 말을 인용하여 3억 달러를 언급하고, 그 외 액수(2.5억 달러)에 대해서도 언급하였으나 이것은 일본 정부가 공식으로 결정한 금액은 아니라고 말하였다"라는 점과 관련하여, 쌍방은 청구권 금액에 대해 구체적인 합의에는 이르지 못했다는 것을 확인하였다.

셋째, 3억 달러의 지불 기간에 대해 "오히라 외상은 연간 2,500만 달러씩 지급하는 것을 고려하고 있다고 말하였다"라는 것과 관련하여 일본은 구체적으로 기간이 12년이라고 말한 것은 아니라고 이해하였고, 반면 한국은 12년이 구체적으로 언급되었다고 이해하고 있었다.

이상의 내용을 보면, 제1차 회담에서 쌍방이 금액을 제시

(3억 달러 대 6억 달러)하고 공여 조건에 대해서도 논의하였으며, 나아가 명목에 대해서도 구체적인 대화가 진행되었다는 것은 틀림없다. 그러나 어떤 사항에 대해서도 김 부장과 오히라 외상이 완전한 합의를 이룬 것은 아니었다. 따라서 청구권의 최종적인 타결은 제2차 김-오히라 회담으로 미뤄지게 되었다. 제2차 회담은 김 부장이 미국 방문을 마치고 도쿄에 돌아온 직후인 11월 12일에 열기로 하였다. 제2차 김-오히라 회담 나흘 전인 11월 8일, 박 의장은 김 부장에게 긴급훈령을 보내어 다음과 같은 추가 지시를 내렸다.

11월 12일로 예정된 오히라 외상과의 재회담에서는 특히 다음 사항에 유의하여 절충하기를 희망한다.
1) 10월 20일의 귀하와 오히라 외상의 회담 내용을 재확인하기 위하여 주일 대표부와 일본 외무성과의 기록을 대조하고, 쌍방 간에 차이가 있다면 그 대조 결과를 주일대사로부터 보고받은 후에, 이후 오히라 외상과의 재회담에서 확실한 복안을 확인할 것.
2) 청구권에 대해서는 첫째, 청구권 명목을 독립 축하금 또는 경제협력으로 하는 것은 도저히 받아들일 수 없고, 어디까지나 우리 국민이 청구권에 대한 변제 또는 배상으로서 지

불받는다는 것을 납득할 수 있는 표현이어야 한다는 점을 강조할 것. 둘째, 지불 금액에 있어서 우리 측은 순 변제와 무상의 합계가 차관액보다 많지 않으면 안 되며, 또 이것의 총액이 6억 달러여야 한다는 입장에서 양보하는 것이 곤란한 실정이라는 점. 오히라 외상이 시사했던 무상공여 3억 달러는 과거 일본 측의 제시액보다 훨씬 진보한 금액이고, 논의의 대상이 될 수 있는 선까지 도달하였다고 인정됨. 일단 이 금액을 일본 측이 회담에서 공식으로 제의한 것이 회담 촉진의 계기가 되었다는 점을 강조할 것. [제2안: 금액 3억 내지 3.5억(순 변제 + 무상 조) + 3억 내지 2.5억(차관) = 6억]

3) 지불 기간은 6년 이내로 할 것을 주장할 것. (제2안: 6년 내지 10년)

4) 청구권 해결에 있어서 오픈 어카운트의 지불금을 포함하는 방식이 쌍방 간의 금액 차 조정에 용이하다는 점을 강조할 것.

5) 차관에 관하여는 상업 베이스에 의한 차관이 아닌 청구권을 해결하기 위한 보완적인 방법으로서 정부 대 정부 차관을 고려할 것을 제시할 것. 이 금액을 확실히 결정해야 하는 것은 물론이고, 조건도 특례적으로 유리한 것이 아니

면 안 된다는 점을 강조할 것. (이자율 무이자 또는 3.5% 이하, 거치 기간 5년 이하, 상환 기간 20년 이상, 도입 기간 5~10년)

요컨대 박 의장이 김 부장에게 최종적인 훈령을 통해 추가로 지시한 내용의 핵심은 명목에 있어서 오히라 외상이 제시했던 "독립 축하금이나 경제협력"을 거부하는 것 그리고 금액에 있어서 총액 6억 달러는 유지하지만 무상의 액수가 차관의 액수를 넘지 않으면 안 된다는 것이었다. 미국 방문을 마친 후 돌아오는 길에 다시 도쿄에 도착한 김 부장은 박 의장의 훈령과 제1차 회담의 대조 결과를 검토하고 11월 12일 오히라 외상과 3시간 반에 걸친 단독 회담에 들어갔다. 이 제2차 김-오히라 회담에서는 제1차 회담에 이어 청구권 금액과 명목에 대한 양국의 최종 입장이 제시, 교환되었다. 그 결과 청구권 총액은 한일 양국의 합의에 도달하였다. 이것이 김-오히라 메모이다. 이 메모의 작성은 "단독 회담 후 생길 수 있는 해석의 차이를 방지하기 위해 메모를 남기도록 하자"라는 한국의 제안을 일본이 받아들임으로써 이루어졌다.

김-오히라 메모는 다음과 같다.

1) 무상: 한국 측은 3억 5천만 달러(오픈 어카운트 포함), 일본 측은 2억 5천만 달러(오픈 어카운트 불포함) / 이것을 양자가 3억 달러(오픈 어카운트 포함)로 10년 기간의 조기 제공 가능 조건으로 양 수뇌에게 건의한다.

2) 유상(해외경제협력기금): 한국 측은 2억 5천만 달러(이자율 3% 이하, 7년 거치, 20~30년 상환), 일본 측은 1억 달러(이자율 3.5%, 5년 거치, 20년 상환) / 이것을 양자가 2억 달러(10년 기간의 조기 제공 가능 조건, 이자율 3.5%, 거치 7년, 20년 상환)로 양 수뇌에게 건의한다.

3) 수출입은행 차관: 한국 측은 별개의 취급을 희망, 일본 측은 1억 달러 이상을 프로젝트에 의해 신장伸張 가능 / 이것을 양자가 합의하여 국교 정상화 이전이라도 협력할 수 있도록 추진할 것을 양 수뇌에게 건의한다.

김-오히라 메모는 일본이 한국에 제공할 것으로 '무상 3억 달러, 유상 2억 달러, 민간 차관 1억 달러 이상'이라는 총액의 대강을 규정한 것이었다. 그러나 금액의 명목에 대해서는 한마디도 언급하지 않고 있다. 즉, 이 메모는 명목을 유보하고 있다. 김-오히라 메모에서 명목을 명기하지 않은 것은 이 메모가 규정한 금액에 대해 한일 쌍방이 대내적으로 그 명목을 편의적으

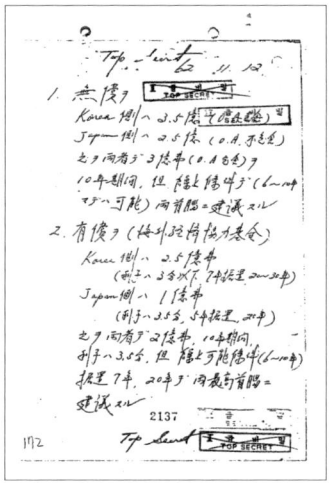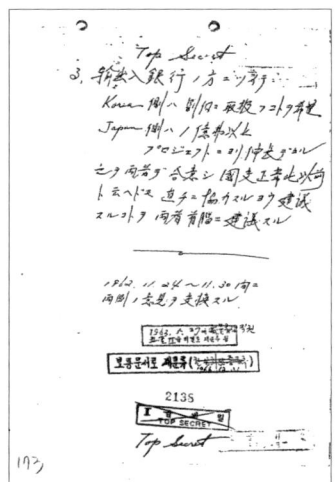

김-오히라 메모(동북아역사재단 제공)

로 해석할 수 있는 여지를 남겨 두기 위한 포석이었다. 나중에 일본은 이 금액의 제공을 '경제협력' 혹은 '독립 축하금'으로 발표하고, 한국은 '청구권 금액'으로 발표하였다.

김-오히라 메모 작성 후에도 양국 간 예비 절충에서 명목을 둘러싼 논의는 계속되었다. 명목에 대한 한일 간 대립의 골격은 다음과 같은 것이었다. 한국은 "일본의 무상·유상 차관의 지불은 어디까지나 청구권에 대한 결제를 위한 것"이라는 의미를 가진 표현을 조약문에 포함시키려고 의도하였다. 따라서 한국은 명목에 관한 조항을 "한일 간의 청구권 문제를 해결하고 한일 간의 경제협력을 증진하기 위해서"라고 규정하는 동시에, 문미에 "양국 정부는 이상의 조치로 한일 양국 간의 청구권 문제가 해결되었다고 간주한다"라고 규정할 것을 주장하였다. 그러나 일본은 "자금 공여 조건으로서 청구권을 명시할 경우, 그 금액의 산출 근거, 한국에 남아 있는 일본 정부와 일본인의 재산 문제, 북한 문제 등이 복잡하게 제기되므로 곤란하다"라는 이유를 들어 "양국 정부는 경제협력 조치로 양국 간의 청구권 문제가 해결되었다고 간주한다"라는 식의 규정을 포함시키려고 의도하였다.

명목 문제를 조약문에 어떤 형태로 명기할 것인가를 둘러싼 쌍방의 대립은 그 후 1963년 5월까지 계속되었던 예비 절충에서도 해소되지 않았다. 한편, 예비 절충에서는 명목 이외에도 김-오히라 메모에서 합의된 금액의 대강을 구체적으로 어떠한 형태의 조건으로 실시할 것인가라는 세부적인 문제를 둘러싸고 논의가 계속되었다. 예를 들면, 유상의 상환 기간 20년 가운데에 거치 기간 7년이 들어가는 것인가, 민간 차관의 금액과 조건을 어떤 형태로 결정할 것인가, 일본의 무역 대금 미불 채권을 어떤 식으로 해결할 것인가, 차관의 상환 방법은 어떻게 할 것인가 등의 문제이다.

결국, 이러한 문제들은 1963년 중반 한국의 내정 위기로 사실상 회담이 중단될 때까지 합의를 보지 못하고 1965년 최종적인 교섭으로 넘어가게 되었다. 그러나 주의할 것은 이런 세부적인 문제를 둘러싼 대립은 어디까지나 김-오히라 메모에 의해 합의되었던 타결 원칙을 구체화하는 과정에서 생긴 사소한 갈등이지, 결코 김-오히라 합의를 흔들어 놓을 만한 것은 아니었다는 점이다. 김-오히라 회담 직후 오히라는 신문 기자들에게, "일한 교섭은 여기서 루비콘강을 건넜다. 대부분은 해결되었다"라고 말하였으며, 김종필 부장도 "문제는 아직 남아 있지만 큰 고개를 넘었다는 인상이 강하다"라고 한 것은 의미 깊은 발언이었다.

김-오히라 메모는 어디까지나 잠정적인 합의이기 때문에 양국 정상의 재가가 필요하였다. 박 의장은 즉시 김-오히라 메모의 양해 선을 쾌히 수용했지만, 일본은 사정이 달랐다. 오히라 외상은 유럽 순방 후 귀국한 이케다 수상에게 청구권에 관한 김-오히라 메모의 재가를 요구하였으나, 11월 28일 이케다 수상은 청구권에 대한 지불 방식, 조건 등 검토할 문제점이 남아 있으므로 재가를 보류한다는 조치를 취하였다. 즉, 오히라 외상의 안은 다른 동남아시아 국가들과의 경제협력과 균형이 결여되어 있으며, 엔 자금의 조달에도 문제가 남아 있다는 점을 지적하고, 이 점에 대해 한국과 더욱 논의하도록 지시하였다.

이케다 수상이 김-오히라 메모의 재가를 유보하고 있는 사이에 자민당 오노大野伴睦 부총재의 방한이 실현되고, 한일 간 타결의 분위기가 한층 고조되어 갔다. 12월 11일 10인의 자민당 의원단을 동반하고 방한한 오노 부총재는 박 의장, 김 부장을 비롯하여 한국의 요인들과 회담하고 한일회담 조기 타결에 합의하였다. 김-오노 회담에서는 현재 기세가 오르고 있는 회담의 분위기를 놓치지 말고 내년 봄에 조인, 내년 여름에 비준하자는 회담 일정을 쌍방이 확인하였다. 또한 박 의장과 김 부장은 오노 부총재에게 대일 청구권 문제에 관해 "이전의 김-오히라 회담에서 일단 결정된 무상액 3억 달러, 장기 저리 차관 2억 달러의 안을 이케다 수상이 승인하도록 노력해 주면 좋겠다"라고 요망하였다. 나아가 한국은 만약 청구권 문제 해결에 일단 전망이 보이면 어업 문제, 독도 문제에 대해서도 한국으로서는 다시 고려할 수도 있다고 탄력적인 태도를 보였다.

오노는 일본에 돌아온 후 기자회견에서 "한국은 하루속히 매듭지어 민정 이양 전에 조인, 비준을 끝내고 싶다고 생각하고 있는 것 같다. 이번 기회를 놓친다면 또다시 10년 교섭이 될 것이다. 민정으로 이양되어 국회의 승인을 얻어야 할 경우 교섭이 더욱 곤란해질까 걱정이다. 가능한 한 빨리 해결하는 것이 좋다"라고 말해 조기 타결의 의욕을 보였다. 12월 14일 오노는 이케다 수상에게 방한 보고를 하는 자리에서 "김-오히라 회담의 합의에 따라 수상의 재가를 22일을 목표로 하고 싶다"라고 한 한국의 태도를 전하고, 국교 정상화를 추진하기 위해 아무쪼록 20일까지 수상이 재가하였으면 좋겠다고 강하게 요망하였다.

3일 후인 12월 17일, 이케다 수상은 마침내 오히라 외상의 안을 승인하였다. 그 후 오히라 외상과 김 부장 사이에는 서신 교환이 있었고, 12월 26일 박 의장도 "청구권 문제에 대한 원칙적인 합의를 보았다"라고 발표하였다. 김-오히라 메모로 잠정 합의되었던 '무상 3억, 유상 2억의 공여' 안은 양국 정상의 재가를 얻었고, 사실상 청구권 문제의 최종적인 해결책으로 채택되었다. 10년간에 걸친 한일회담의 최대 쟁점이었던 청구권 문제는 김-오히라 메모가 규정한 대로 "일본이 무상 3억 달러, 유상 2억 달러를 한국에 제공하고, 이의 수반적인 결과로서 청구권 문제가 해결되었다는 것을 확인하였다"라는 조문으로 낙착을 보게 되었다. 따라서 1963년 이후의 한일교섭에서는 여타 현안으로 토의의 쟁점이 옮겨졌다.

시이나 외상의 '반성' 표명과 기본관계 타결

    1965년에 접어들어 제7차 회담은 기본관계 문제에 초점을 맞추어 토론이 이루어졌다. 그것은 우선 기본관계 문제를 해결하고 그 여세를 몰아 나머지 현안에 대해서도 박차를 가한다는 양국 합의에 근거한 것이었다. 기본관계위원회는 시이나椎名悦三郎 외상 방한 직전까지 13회의 토의를 거듭하였으나 한국병합조약의 무효 시점과 한국 관할권의 범위 문제를 둘러싸고 여전히 양국 간 이견을 좁히지 못하였다. 시이나 외상의 방한이 마련된 것은 이즈음의 일이었다. 따라서 시이나 방한의 최대 목적은 기본관계 문제를 해결하고 기본관계조약의 가조인을 실현하는 것으로 좁혀졌다. 그러나 시이나 방한에서 주목되는 또 하나의 초점은 그의 한국 도착 성명에 있었다. 1965년

1월 17일 시이나 외상은 한국에 도착한 직후 다음의 도착 성명을 발표하였다.

> 일한 양국은 예부터 일의대수一衣帶水의 인국으로서 인적 교류는 물론, 문화적으로도 경제적으로도 깊은 관계를 맺어 왔다. 양국 간의 긴 역사 중에 불행한 기간이 있었던 것은 참으로 유감이며 깊이 반성하는 바이다. 그러나 금년 수천 년에 이르는 역사적 관계를 배경으로 하여 또 전향적인 자세로 양국 간에 항구적인 선린우호 관계를 확립하여 그것에 의해 양국이 서로 제휴해 가는 새로운 출발점을 만드는 것은 상호 간에 희망하는 바라고 생각한다.

이 성명문 가운데 특히 주목되는 것은 "양국 간의 긴 역사 중에 불행한 기간이 있었던 것은 참으로 유감이며 깊이 반성하는 바이다"라는 부분이다. 이것은 일본 정부가 식민지 지배에 대해서 처음으로 표명한 사죄 발언이었다. 1960년 고사카 외상의 방한 시 표명되었던 "과거의 관계는 유감이다"라는 발언과 비교하면, 시이나 외상의 반성 표명은 진일보한 발언이었다. 한국은 회담 개시 이래 일본의 36년간의 통치에 대한 사죄와 반성의 뜻을 표명할 것을 요구해 왔다. 그 사죄의 표명이 시이나 외

박정희 대통령을 접견하는 시이나 외상(국가기록원 제공)

상의 방한으로 최초로 실현된 것이었다.

한국은 제7차 회담이 시작된 이래 일본의 원로급 정치가를 방한시킴으로써 회담 촉진 분위기를 연출하려는 의도로 활발한 막후 공작을 벌여 왔다. 한국이 가장 희망했던 것은 요시다 전 수상의 방한이었다. 한국은 만약 일본의 원로급 정치가가 과거의 식민지 지배에 대한 사죄의 의미가 내포된 발언을 해준다면 국민감정이 일거에 수습되어 회담 타개의 장애물이 어느 정도 불식될 수 있을 것으로 기대하였다. 그러나 요시다의 사죄 특사 파견은 거절되고 시이나 외상이 그 역할을 담당하게 된 것이었다.

일본으로서는 외상의 공식 성명 가운데에 반성의 의미를 표하는 말을 표명할 경우, 청구권 처리를 비롯한 한일 간 현안을 해결해 나가는 데 있어서 한국의 주장을 정당화시키는 법적인 함의를 부여할지도 모른다는 점을 심각하게 우려하고 있었다. 그 결과 거듭된 고민 끝에 낙착된 것이 위의 표현이었다. "불행한 기간"과 "깊이 반성한다"라는 표현은 한편으로는 한국의 사죄 요구에 응하면서도 반성의 주체가 누구인가, 일본 정부인가, 아니면 외무성인가, 외상 자신인가를 구체적으로 명기하지 않음으로써 책임 소재를 애매하게 규정하였다. 어쨌든 고심 끝에 나온 이 성명은 일본 정부에 의한 최초의 반성 표명으로 매스컴에 크게 보도되어 교섭 타결의 장애 요소인 한국민의 대일 감정을 누그러뜨리는 데 일정한 역할을 하였다.

이러한 경위를 볼 때 "불행한 기간"과 "깊이 반성한다"라는 말은 어디까지나 한국의 대일 감정을 완화함으로써 최대 과제인 기본조약의 가조인을 달성하려는 목적에서 나온 '외교 기술상의 수사'에 불과한 것이다. 따라서 시이나 외상의 반성 표명은 종래 일본 정부의 식민지 지배에 대한 기본 인식과 태도 변화를 의미하는 것은 아니었다. 시이나 외상은 전전 일본의 만주국 경영에 실제로 깊이 관여했던 인물로서, 말하자면 전시경제 지도자 중 하나였다.

시이나는 1963년에 출판한 『동화와 정치』라는 자신의 저서에서 "일청전쟁은 결코 제국주의 전쟁이 아니었으며, 일러전쟁은 러시아 제국주의에 대한 통쾌한 반격이었다. 일본이 명치 이래 강대한 서구 제국주의의 어금니로부터 아시아를 지키고 일본의 독립을 유지하기 위해 대만을 경영하고 조선을 합방하여 만주에 5족 협화의 꿈을 실현한 것이 일본 제국주의라면 그것은 영광의 제국주의이다"라고 서술하고 있다. 또한 1965년 3월 15일 참의원 예산위원회에서 시이나 외상은 "나는 양국 간에 서로 이것이 살아나가는 길이라는 합의하에 그러한 합방조약이 이루어진 것이라고 생각한다"라고 답변하였다. 시이나는 일본의 한국합방에 대해서 한편으로는 "불행한 기간"으로서 "깊이 반성한다"라고 성명하면서도 다른 한편으로는 어디까지나 "영광의 제국주의"이며 "양국의 살아나가기 위한 합의"였다고 강변하였다. 이렇게 볼 때 시이나의 "불행한 시기"에 대한 "반성"의 표명은 당면한 외교적 과제를 수행하기 위해 편의적으로 고안해 낸 외교적 수사에 불과한 것이었음을 알 수 있다.

기본관계 문제를 둘러싼 실질적 토의는 문철순 외무부 기획실장과 일본의 우시로쿠後宮虎郎 아시아 국장을 대표로 하여 1965년 1월 22일부터 2월 13일까지 13회에 걸쳐 진행되었다.

한국이 기본관계 교섭에 대해 수립해 놓은 대원칙은 첫째, 기본관계 문제는 조약 형식으로 해결할 것과 둘째, 1910년 이전에 체결된 모든 조약은 무효라는 선언을 삽입할 것과 셋째, 한반도에서 한국 정부의 유일 합법성을 조약으로 확인할 것이라는 세 가지 사항을 반드시 관철한다는 것이었다.

그러나 교섭 과정에서 일본은 한국의 이러한 세 가지 주장에 대해 이의를 제기하고 나섰다. 첫째로 명칭 문제와 관련하여 일본은 조약 대신에 공동 선언의 형식을 주장하였다. 그러나 한국은 "과거의 불행한 양국 간 역사를 청산하고 재출발하는 의미를 고려하여 국제법상 최고 문서의 형식인 조약으로 체결하는 것이 적절하다"라고 강하게 주장하였다. 결국 2월 12일의 수석대표 회담에서 일본이 기의 입장에서 한발 물러나 조약 형식으로 할 것에 동의함으로써 이 문제는 비교적 쉽게 해결되었다.

둘째로 과거의 조약 및 협정의 무효 확인 조항에 관해서, 한국은 초안 제4조에서 "대한제국과 일본제국 사이에 1910년 이전에 맺어진 모든 조약과 협약이 무효임are null and void을 확인한다"라는 문구를 채택할 것을 주장하였다. 즉, 한국은 일본에 의한 한국의 지배를 정당화한 일련의 조약 및 협약이 원천적으로 무효라는 사실을 국제법상 최강의 표현인 "null and void"로 표기하려고 의도하였다. 그러나 일본은 구 조약이 샌프란시스코 강화조약으로 비로소 무효화된 것이라는 주장을 제시하며 한국에 맞섰다. 여기서 김동조 대사는 우시바牛場信彦 대표에게 "일본이 이 주장을 계속 고집한다면 회담은 더는 진전되지 못할 것이다. 한국이 조약의 전문에 일제의 잘못을 삽입할 것을 요구하는 주장을 철회하는 양보를 했음에도 일본이 이 문제에 관해서 주장을 굽히지 않는다면 회담을 계속할 의사가 없다는 것이 아닌가"라고 일본의 양보를 요구하였다. 그 결과 일본이 제시한 타협안은 "have become null and void"라는 문구였다. 즉, 일본은 한국의 주장을 받아들여 "null and void"라는 문구를 사용하되, 구 조약 및 협정의 무효 시점이 체결 당시부터가 아니고 특정한 시점부터라고 해석될 수 있도록 영어의 현재완료 시제를 사용코자 하였다. 한국은 일본의 타협안을 받아들이지 않고 거부하였다. 결국 이 문제는 더 이상의 진척이 없이 유보 상태에 놓이게 되었다.

셋째로 한국의 관할권 문제에 관해서는 당초 일본 요강에는 "한국의 관할권은 남한에 한정한다"라는 규정이 들어가 있었으나 수정 초안에서 일본은 관할권에 관한 규정을 삭제하였다. "한반도에 있어서 유일 합법 정부 확인" 조항(제2조)에 관하여, 한국은 "대한민국 정부가 국제연합 총회 결의 195(3)호에 선언된 바와 같이 한국(한반도)에 있어서 유일한 합법적 정부임을 확인한다"라는 문안을 주장하였다. 일본은 국내 정치적 이유에서도 북한의 존재를 완전히 무시하고 한국의 관할권이 한반도 전체에 미친다는 해석의 여지를 남길 수 있는 표현은 곤란하다고 반박하였다. 그러나 이후 일본은 기존의 태도를 약간 수정하는 타협안을 제출하였다. 일본이 타협안으로 제출한 것은 "유엔 결의 195(3)호가 의미하는 범위에 있어서 유일한 합법 정부임을 확인한다the only lawful Government in Korea within the meaning of the Resolution 195(3)" 혹은 "유엔 결의 195(3)호에서 선언된(명시된, 기술된) 바와 같은 합법 정부임을 확인한다is such only lawful Government in Korea as declared"라는 표현이었다.

이것은 한국의 유일 합법성 확인이라는 명분을 인정하면서도 그 사실을 인정하는 근거의 비중을 유엔 결의 195(3)호에 두겠다는 의도에서 나온 표현이었다. 유엔 결의 195(3)호는 한편으로 한국의 유일 합법성을 인정하면서도 다른 한편으로는 그 관할권의 범위를 한국에 한정하고 있는 문서이다. 일본은 이 결의의 이중구조에 착안한 것이다. 즉, "유엔 결의에서 선언된 바와 같은 유일 합법성"이라는 조항이 설치된다면 한국의 관할권은 자연히 한국에 한정된다는 해석이 가능하다는 점에서 일본은 "유엔 결의가 의미하는 범위에서" 또는 "유엔 결의에서 선언된 바와 같은"이라는 문구를 고집하였다. 그러나 한국은 이 제안을 수락하지 않고 최종적인 결정을 시이나 외상의 방한 시에 하도록 한다는 방침하에 토의 유보를 제안하였다.

기본관계에 관한 한일 간의 대립은 한국의 유일 합법성 조항과 구 조약 무효 확인 조항의 두 가지 쟁점으로 압축되고, 조약 전문의 설치 문제나 타 조항에 관해서는 대체로 합의를 보았다. 이 미해결의 쟁점은 시이나 외상의 방한을 맞아 정치적으로 해결하도록 남겨 놓았다. 이처럼 쟁점의 해결을 외상 회담에서 하도록 한 결정은 외상 회담의 정치적 성과를 최대화하려고 하는 암묵적인 합의에 근거한 것이었다. 즉, 시이나 방한을 계기로 한일 양국에 한층 거세진 반대 세력의 기세를 억제하고 회담 타결 분위기를 고조시키기 위해서는 고위급 정치회담에서 타결을 보는 것이 효과적이라고 판단하였다.

시이나 방한을 계기로 개최된 2월 18일의 제1차 외상 회담에서는 중국 문제와 베트남 문제를 중심으로 아시아 정세 전반에 관한 폭넓은 의견 교환이 이루어졌고, 이어서 기본관계에 관해서는 이동원 외무장관이 유일 합법성 문제와 구 조약 무효 확인 문제에 대해서 일본의 양보를 촉구하였다. 다만, 해결 방법으로서 국장급의 실무회담에서 상호 견해를 조정한 다음에 외상 회담에서 최종적으로 타결을 짓는다는 방침이 결정되었다.

다음 날 개최된 제2차 외상 회담에서 두 가지의 미해결 사안이 본격적으로 다루어져 격렬한 논쟁이 재현되었다. 양국은 실무 회담에서 주장했던 입장을 거듭 반복하여 회담은 험악한 분위기에 휩싸였다. 회담은 예상했던 것 이상으로 난항을 거듭하며 결렬 위기에 직면하였다. 결국, 심야까지 계속된 실무회담에서는 해결의 실마리를 찾지 못한 채 최종적인 타결의 무대는 시이나 외상과 이동원 외무장관의 담판으로 넘어갔다.

여기서 최종적으로 이동원 장관에 의해 제시된 것이 다음의 타협안이었다. 즉, 구 조약의 무효 확인 문제에 관해서는 "이미 무효이다are already null and void"라는 문구가, 유일 합법성 조항에 관해서는 "유엔 총회에서 채택된 결의 195(3)호에서 명시된 바와 같이 대한민국 정부가 한반도에 있어서 유일한 합법 정부임을 확인한다he only lawful Government in Korea as specified in the Resolution 195(3)"라는 문구였다. 이 문구는 양 정부의 주장을 절묘하게 타협시킨 것으로, 어느 쪽에도 유리하게 해석될 수 있는 여지를 최대한 남긴, 말하자면 귀에 걸면 귀걸이 코에 걸면 코걸이 식의 표현이었다. 이 최종적인 타협안으로 합의를 보기 위해서는 양국 모두 최고 결정권자의 정치적 판단이 요구되었다.

시이나 외상은 "기본조약의 타결을 이룩하지 못하고 귀국하면 회담의 분위기를 냉각시키고 한국의 반일 감정은 고조되어 조기 타결도 바랄 수 없게 된다"라는 판단하에 19일 심야부터 20일 새벽에 걸쳐 사토佐藤榮作 수상을 비롯하여 요코다 외무차관, 하시모토橋本登美三郎 관방장관, 미키 자민당 간사장, 가와시마川島正次郎 자민당 부총재 등에게 차례로 국제전화를 걸어 설득을 계속한 결과 양해를 얻어 냈다. 한편, 이동원 외무장관은 진해에 체재 중이던 박 대통령과 정일권 국무총리에게 심야의 긴급 전화 연락을 통해 최종안의 승인을 얻어 냈다. 이렇게 하여 2월 20일 오후 2시, 한일 외무장관의 입회하에 기본관계조약에 관한 서명이 이루어졌다. 이로써 기본조약에 관한 가조인이 성립되었다. 이를 계기로 한일회담 조기 타결의 돌파구가 열리게 되어 기타 현안의 타결에도 박차가 가해졌다.

한일조약 체결

시이나 외상의 방한을 계기로 기본조약의 타결과 가조인이 이루어지면서 타 현안의 해결에도 박차가 가해져 1965년 3월부터는 어업 문제, 재일 한국인 법적 지위 문제 그리고 청구권 문제의 세부적인 처리 등 나머지 3대 쟁점에 대한 최후 마무리 교섭이 본격화되었다. 이 교섭은 4월 3일의 합의 요강 작성으로 귀결되었다. 이하에서는 「4·3 합의 요강」에 이르기까지의 3대 현안에 대한 양국 간 입장 차와 합의 과정을 간략하게 검토해 보자.

우선 어업 문제이다. 어업회담의 최대 쟁점은 다음의 세 가지로 요약할 수 있다. 첫째, 전관수역의 기선 설정 문제에 관하여 한국은 제주도 동서 측의 기선 획정 문제는 어디까지나 연안국의 주권 원칙에 입각하여 획선해야 한다고 주장하였다. 이에 대해 일본은 본토와 제주도는 너무 떨어져 있어서 그 사이의 해역을 내해로 볼 수 없으므로 본토와 제주도를 연결하는 직선기선의 설정은 절대 불가하다는 주장을 내세웠다. 둘째, 어획량 규제 방법 문제에 관하여 한국은 공동규제수역 내에서의 어획량 규제 방법은 톤수를 기준으로 해야 한다고 주장하였다. 어선 척수를 기준으로 할 경우, 일본 어획량을 파악하기 어렵고 일본 어선의 성능이 한국 어선보다 훨씬 우수하다는 계산하에 나온 주장이었다. 한편 일본은 한국의 15만 톤 어획량 제한 주장에는 동의하였으나 선박 척수 제한, 선형별 출어 제한 그리고 그에 따른 감시 방법에 대해서는 제한을 완화해야 한다고 주장하였다. 셋째, 한국에 대한 어업협력 문제에 관하여 한국은 평화선의 사실상 철폐로 한국 근해의 어장을 개방할 경우, 일본은 한국 어업의 현대화를 지원해야 한다고 주장하고 최소 1억 달러 이상의 장기 저이자 차관 제공을 요구하였다. 일본은 이에 대해 평화선 내에서 많은 일본 어선 및 어민이 나포되어 국민감정이 악화해 있는 상황에서 어업협력 자금을 다량으로 제공하는 것은 국민감정상 반발을 초래한다는 것을 이유로 훨씬 적은 액수의 제공을 제안하였다.

  이처럼 괴리된 양국의 입장을 합의로 끌어가기 위해 한일 농상 회담이 마련되어 아카기赤城宗德 농림상과 차균희 농림장관 사이에 3월 3일부터 4월 3일까지 한 달간의 치열한 교섭이 전개되었다. 이 농상 회담에서 세 가지의 대립점은 다음과 같이 타협되었다. 제주도 주변의 기선 설정 문제에 대해서는 일본이 "본토와 제주도를 연결하는 선을 기준으로 하여 전관수역을 설정하되 그 대신 전관수역의 폭을 최소한으로 정한다"라는 새로운 제안을 하여 이 선에서 타결이 이루어졌다. 공동규제수역 내의 출어 척수 제한 문제에 관해서는 톤수 및 척수를 겸용하여 제한하는 타협안이 성립되었고, 규제 조치 위반 어선의 단속에 관해서는 자국의 어선에 대해서는 자국의 해경이 규제한다는 이른바 기국주의가 채택되었다. 그리고 일본의 어업 협력 문제에 대해서는 9,000만 달러 이상의 협력을 제공한다는 것이 합의되었다.

  다음은 법적 지위 문제이다. 법적 지위 문제에 대해서는 이미 제6차 회담에서 구체적인 토의 내용이 정리되어 제7차 회담으로 계승되었다. 제7차 회담이 시작되어 이동원 장관이 방일한 3월 23일까지 법적지위위원회는 23회나 개최되었다. 가장 첨예하게 대립한 문제는 영주 허가를 받을 재일 한국인의 범위를 어디까지로 할 것인가 하는 문제였다. 즉, 한국은 재일한국거류민단의 강한 요망을 받아 자자손손에 미치도록 해야 한다고 주장하였다. 한편 일본은 일본으로서 직접적인 책임을 느낄 이유가 있는 한국인은 종전 당시까지 일본에 재류한 자뿐이라는 인식에 기초하여 영주 허가의 범위를 최소한으로 제한하고자 하였다. 이 문제는 최후까지 난항을 거듭하였으나 이동원 장관의 방일을 계기로 외상 간의 절충을 통해 "한일협정 발효 후 5년 후까지 태어난 자 및 그들의 자녀까지 영주권을 부여하는 것"으로 낙착을 보았다.

마지막으로 청구권 문제에 관해서는 1962년 11월의 김-오히라 메모로 대체적인 합의가 달성된 이후 남은 구체적인 세부 문제에 관한 협의가 진행되었다. 이 교섭에서 최대로 문제가 된 것은 상업 차관의 액수 조정과 정부 차관의 상환 조건에 관한 것이었다. 즉, 한국은 김-오히라 메모로 '무상공여 3억 달러, 정부 차관 2억 달러, 상업 차관 1억 달러 + 알파'의 틀을 유지하면서 미확정의 상업 차관 액수를 최대한 늘리려는 교섭전략을 구사하였다. 한국 국내에 뿌리 깊게 존재하는 김-오히라 합의에 대한 반발을 억제하기 위해서는 청구권 관련 자금의 전체 액수를 늘리는 것이 유리하다고 판단하였기 때문이다. 정부 차관의 상환 조건에 관해서는 한국이 '7년 거치 20년 상환'의 조건을 주장한 데 반해 일본은 '상환 기간 7년을 포함한 20년간의 상환'을 주장하였다. 이러한 청구권 문제와 관련한 대립은 시이나 외상의 결단으로 해결되었다. 즉, 시이나 외상은 이 문제에 대해 강경 입장이던 대장성을 제어하기 위해 다나카田中角榮 대장 대신과 직접 교섭하는 한편, 사토 수상을 설득하여 한국의 요망을 가능한 한 수용하여 타결하도록 노력을 기울였다. 그 결과 상업 차관 액수는 3억 달러, 정부 차관의 상환 조건은 일본의 주장대로 거치 기간 7년을 포함하여 20년 상환의 선에서 타결되었다.

이렇게 하여 한일회담의 나머지 3대 현안은 4월 2일까지 최종적으로 타결되었다. 한국의 이동원 외무장관은 공식적인 방일 기간이 3월 27일로 종료되었음에도 3대 현안을 타결하고 가조인을 마친 후에 귀국한다는 결의로 체재를 연장하며 교섭에 직접 관여하였다. 한국은 사무적 수준에서 난항을 거듭하고 있는 문제는 외상 회담, 고위 회담 절충으로 해결을 꾀한다는 방침하에 3대 현안의 타결에 임하였다. 4월 2일 각 현안에 대한 대강의 합의가 달성되자 이 합의를 조문화할 때까지의 잠정적인 조치로서 합의 요강에 대한 가조인이 이루어졌다. 이것이 소위 「4·3 합의 요강」이다. 이 요강은 사실상 14년간의 한일회담에 종지부를 찍는 문서였다.

양국은 늦어도 5월 중순에 정식 조인을 실현한다는 목표하에 4월 중순부터는 위원회별로 「4·3 합의 요강」을 조문화하는

한일회담 조인식(경향신문사 제공)

작업에 돌입하였다. 그러나 어업위원회에서의 난항으로 말미암아 5월 조인의 목표는 좌절되고 말았다. 한국은 어업 합의에 대한 국내의 강한 불만을 고려하여 공동규제수역에서의 일본 조업 규제 강화를 내용으로 하는 수정안을 제출하였으나 일본은 이를 「4·3 합의 요강」에 배치되는 행위로 간주하여 강하게 반발하였다. 결국, 이 교착상태는 양국이 5월 중순 합의사항의 보완에 관해서 토의를 진행하는 것으로 합의를 봄으로써 해결의 실마리를 찾게 되었다.

6월 2일 김동조 대사와 시이나 외상은 수일 이내에 조문 작성 작업을 진행하기로 의견 일치를 보아, 양 대표단은 6월 5일부터 호텔에서 합숙하며 집중적으로 조문 작성에 들어갔다. 조문화 작업은 우여곡절을 겪으면서 조인식이 개최된 6월 22일 오전까지 계속되었다. 드디어 6월 22일 오후 일본의 수상관저에서 이동원 외무장관, 김동조 수석대표, 시이나 외상, 다카스기高杉晉一 수석대표 간에 한일 기본조약 및 모든 협정의 서명과 조인이 이루어졌다. 이날 서명, 조인된 조약·협정 및 기타 문서는 1개 조약, 4개 협정, 2개 의정서, 5개의 합의 의사록, 9개의 교환 공문, 2개의 왕복 서간, 2개의 토의기록 등 총계 29건에 이르렀다.

1960년대 한일회담: 총괄과 평가

　1960년대 이후 재개된 한일회담의 초점은 한국이 요구하는 대일 청구권의 처리 문제였다. 제5차, 제6차 회담의 청구권위원회에서는 한국이 제출한 청구권 8항목을 기초로 하여 사무적인 수준의 토의가 진행되었다. 과거 10년간 4차에 걸친 회담에서 청구권 문제가 한 번도 실질적인 내용의 토의에 들어가지도 못한 채, 법이론적인 논쟁으로 시종했던 것과 비교하면 괄목할 만한 진전이었다.

　그러나 실무 수준에서의 교섭은 청구권의 법적 근거와 증거를 둘러싼 양측의 원칙적인 견해 차이만 확인되었을 뿐 청구권의 구체적인 해결을 위한 의견 접근은 전혀 이루어지지 못하였다. 일본은 한국이 제시한 「8개 항목의 대일 청구권 요강」에 대해 법적 근거와 증거가 불명확하다는 이유를 들어 수용하지 않았다. 사무적 교섭에 의한 청구권 해결의 길이 막히자 청구권 교섭의 주된 무대는 점차 정치회담으로 옮겨 가게 되었다.

이 무렵 이케다 정권이 청구권 문제의 해결책으로서 고심 끝에 마련한 구상이 '경제협력 방식'이라는 형태로 나타나게 되었다. '경제협력 방식'이란 빈곤과 개발 자금 부족으로 고뇌하고 있는 한국에 일본의 물품과 역무를 유상, 무상의 형태로 제공함으로써 한국이 주장하는 청구권 요구를 포기시킨다는 이른바 일종의 우회전략이었다. 이케다 정권이 고안해 낸 시나리오는 철저한 법률 논쟁과 증거 논쟁으로 한국의 청구권 요구를 포기시키는 한편, 일본의 공업제품을 제공하는 방식으로 전후처리를 종결시킨다는 것이었다. 이 방식에 의하면 자본이 아닌 일본의 자본재와 역무가 제공되어 장기적으로는 일본 경제 발전에도 유리하게 작용할 수 있다는 점에서 경제 성장을 최우선 목표로 표방하고 있던 이케다 노선과도 합치하는 것이었다.

1962년 3월의 외상 회담부터 11월의 김-오히라 회담까지의 정치적 절충 과정은 이러한 이케다 정권의 구상을 한국에 설득시키는 일련의 과정이었다. 정치회담에서는 청구권의 개별 항목에 관한 토의는 유보한 채, 청구권 자금의 총액과 명목에 관하여 일괄적인 타결을 꾀하는 방식이 도입되었다. 이케다 정권은 외상 회담 개최를 눈앞에 두고 청구권 금액에 대한 사정査定 작업에 착수하였는데, 이때 청구권의 총액으로 대장성은 1,700만 달러, 외무성은 7,000만 달러를 각각 산정하여 이케다 수상에게 제출하였다. 이 금액은 당시 박정희 의장이 최저 금액으로 상정하고 있었던 5억 달러 안과 비교할 때 상당한 거리가 있었다. 이러한 사정으로 인해 외상 회담은 청구권 금액의 조정에 들어가지 못한 채 법률론과 원칙론에 대한 양측의 공방만이 진행되어 결렬로 끝나버렸다. 다만, 이때 청구권 총액에 대해 한국은 7억 달러, 일본은 7,000만 달러를 공식적으로 제안하였다.

1962년 7월 참의원 선거 후 재선에 성공한 이케다 수상은 청구권 문제를 조기에 해결하겠다는 의욕을 가다듬고 외무대신에 오히라를 등용하였다. 오히라는 자민당 수뇌부와 관계 성청과의 의견 조정을 거쳐 청구권 처리에 대한 일본의 최종적인 복안 만들기에 착수하였다. 그 결과로서 등장한 오히라 구상의 골격은 청구권은 개인의 것에만 엄밀하게 한정하고 이것에 무상공여와 유상의 경제협력을 추가함으로써 총액 면에서는 한국의 요구에 접근하는 대신에, 한국이 집요하게 주장하는 청구권의 명목은 포기시킨다는 것이었다.

1962년 8월부터 정치회담 예비 절충이 개시되어 청구권의 총액과 명목에 관해서 본격적인 절충이 진행되었다. 이 예비 절충에서 한일이 제시한 금액은 각각 최초 7억 달러 대 7,000만 달러로부터 출발하여 6억 달러 대 1억 5,000만 달러로, 그 후 5억 달러 대 1억 7,000만 달러까지 점차 접근하여 갔으나 그 이상은 좁혀지지 않았다. 여기서 일본은 액수의 차이를 해소하는 방법으로서 청구권의 명목을 포기할 것을 한국에 요구하였다. 결국, 청구권 문제는 두 번에 걸친 김종필 부장과 오히라 외상과의 단독 회담에서 최종적인 타결이 이루어지게 되었다.

이 회담에서 쌍방은 "일본이 무상 3억 달러, 유상 2억 달러, 민간 차관 1억 달러 이상을 한국에 제공한다"라는 내용에 합의하였다. 이것이 소위 김-오히라 메모이다. 이 메모는 자금 제공의 명목에 관해서는 한마디의 언급도 포함하지 않아 쌍방이 그 명목을 편의적으로 해석할 수 있는 여지를 최대한으로 남겼다. 그 후 교환된 정부 간 합의 문서에는 일본의 무상·유상의 자금 제공의 수반적인 결과로서 청구권 문제가 해결되었다고 규정되어 있어 한국이 청구권을 포기한 사실이 확인되었다.

청구권 문제가 1962년 11월의 김-오히라 메모로 대체적인 합의에 도달하자, 한일회담은 곧 타결될 것으로 기대되었다. 그러나 그 후 2년간의 회담은 군사정권 내부의 혼란과 한국 국내의 반대 운동이 격화되는 사태에 직면하여 큰 진전을 보지 못했다. 결국, 회담의 마무리는 사토 정권으로 넘어가게 되었다.

1964년 11월부터 재개된 제7차 회담의 중심 문제는 기본관계 문서의 작성에 있었다. 기본관계를 둘러싼 양국의 근본적인 대립은 다음의 두 가지였다. 첫째, 구 조약의 무효 시점에 관해서 한국은 1910년 한국병합조약과 그 이전의 협약이 원천적으로 무효라고 주장한 데 반하여, 일본은 병합조약은 대한민국 정부 수립의 시점까지는 유효하였다고 주장하였다. 즉, 일본의 한국 지배가 불법적인가 합법적인가 하는 근본적인 문제에 대해 양국이 첨예하게 대립한 것이다. 둘째, 한국 관할권의 범위에 관하여 한국은 한국이 한반도 전역에 대한 관할권을 지니고 있음을 확인하는 조항을 삽입할 것을 주장한 데 반하여, 일본은 한국의 관할권이 한반도 전역에 미친다는 해석의 여지를 남기는 표현의 삽입은 곤란하다고 주장하였다. 실무적인 교섭에서 이 대립은 평행선만을 달린 채 끝내 해소되지 못하였고 외상 회담에서 이루어질 정치적 타결에 맡겨지게 되었다.

1965년 2월 시이나 외상의 방한은 회담을 타결로 이끌어 가는 데 매우 중요한 역할을 하였다. 시이나 외상은 서울 도착 성명에서 "양국 간의 긴 역사 속에서 불행한 시기가 있었던 것은 매우 유감이며 깊이 반성한다"라고 언급하였다. 이것은 일본 정부가 식민 지배에 관해서 최초로 사죄를 표명한 것이었다.

이 고심 끝에 나온 성명은 한국의 매스컴에 크게 보도되어 대일 감정을 완화하는 데 일정한 역할을 하였다.

이동원 외무장관과 시이나 외상과의 회담에서 기본관계 문제를 둘러싼 양국의 대립은 다음과 같은 타협안으로 해결을 보게 되었다. 구 조약의 무효 시점에 관해서는 "이미 무효이다are already null and void"라는 문구가, 그리고 유일 합법성 문제에 관해서는 "유엔 결의 195(3)호에 명시되어 있는 바와 같이 유일한 합법 정부"라는 문구가 채택되었다. 이 문구는 쌍방의 주장을 절묘하게 타협시킨 것으로, 양국 모두 자국에 유리한 방향으로 해석할 수 있는 여지를 남겼다. 이 타협에 따라 2월 20일 기본조약의 가조인이 행해졌으며, 가조인을 계기로 회담은 최종 타결을 향해 급진전하여 4월 3일에는 기타 현안의 일괄 타결, 6월 22일에는 정식 조인을 보게 되었다.

한일조약의 비준 국회에서 한일 양국 정부는 회담의 최대 초점이었던 청구권 문제와 과거 인식의 문제에 대하여 각기 다른 해석을 내리고 있는 점이 주목된다. 청구권, 경제협력 자금의 명목에 관하여 한국 정부는 과거의 식민 지배에 대한 정당한 보상으로서 해석한 데 반하여, 일본 정부는 어디까지나 청구권과는 관계없이 한국의 경제 건설을 지원하기 위한 경제협력이라고 해석하였다. 또 한국병합조약에 관해서 한국 정부는

"이미 무효"라는 규정을 "애초부터 완전히 무효였다"라고 해석한 데 반하여, 일본 정부는 "현재는 무효이나 당시는 유효하고 합법적이었다"라고 해석하였다. 과거 청산과 직결되는 핵심 문제에 관한 양 정부의 상반된 해석은 한일조약이 양국의 대립을 전략적인 애매함으로 포장한 채 체결된 것이라는 점을 말해 주고 있다.

일본 전후 처리의 틀을 규정한 것은 동서 냉전과 미국의 냉전 전략이었다. 일본의 패전 직후 미국은 일본에 대하여 징벌적인 성격이 짙은 대규모의 배상의무를 지우려고 의도하였다. 그러나 냉전이 점차 파급되는 과정에서 미국은 일본을 대공산권 봉쇄전략의 거점으로 간주하기 시작하였다. 이에 따라 미국은 일본의 배상의무를 최소한으로 억제하고 경제 부흥을 지원하는 방향으로 정책을 급전환시켰다. 이러한 정책 전환의 와중에서 일본은 전쟁의 패자, 가해자의 입장보다는 냉전의 대미 협조자로서의 유리한 위치에서 전후 처리에 임하게 되었다. 미국은 냉전하의 대공산권 봉쇄정책을 추진한다는 관점에 서서 일관되게 한일관계 정상화를 위해 노력하였다. 회담 알선을 비롯해 반복되는 회담 중단, 결렬 사태를 재개와 타결의 방향으로 이끌었던 것은 다름 아닌 미국이었다. 특히 1960년대에 접어들어 공산 중국과의 대립이 심화하는 가운데 베트남에 본격적으로 개입하기 시작하면서 회담 타결에 대한 미국의 압력은 최고조에 달하게 된다. 그러나 미국은 한일 간 대립의 근본적인 원인이 되었던 '과거 청산' 문제에 대해서는 이해와 관심이 부족하였고 직접적인 간섭을 회피하는 정책을 취하였다.

한일 간의 전후 처리는 이처럼 청구권과 경제협력이라는 애매한 명목으로 타결을 보게 되었다. 그렇다면 일본이 점령했던 기타 아시아 제국과의 전후 처리는 어떻게 해결되었는가? 먼저 대만과 중국의 경우는 여타 연합국의 경우와 같이 각각 일본과의 양자조약을 통해 배상 청구권을 포기하였다. 일본이 일으킨 전쟁의 최대 피해국이라고 할 수 있는 중국이 일본에 대한 배상 청구권을 포기했다는 것은 일본에는 엄청난 축복이었다고 할 수 있다. 일본이 전후 줄곧 중국에 막대한 규모의 정부 개발 원조를 제공한 것은 이 배상 청구권 포기 조치와 무관하지 않을 것이다.

다음으로 동남아 4개국에 대해서는 강화조약 제14조에 입각하여 개별 교섭과 배상 협정을 통해 전쟁 배상금을 지출하였다. 정식으로 배상을 받은 4개국이란 미얀마, 필리핀, 인도네시아, 베트남인데 미얀마에 2억 달러, 필리핀에 5.5억 달러, 인도네시아에 2.2억 달러 그리고 베트남에 4,000만 달러가 각각 지출되었으며, 이와 더불어 추가액이 차관의 형태로 경제협력 자금으로 제공되었다. 싱가포르, 말레이시아 등의 기타 동남아 국가들에 대해서도 준(準)배상적 조치로 다소간의 경제협력이 제공되었다. 현재 일본과 미수교 상태에 있는 북한에 대해서는 전후 처리가 미결 상태로 남아 있다. 일본은 장차 북일 국교 정상화가 달성된다면 1965년 당시 한국에 제공했던 금액에 상당하는 청구권 자금을 북한에 제공하겠다는 방침을 공식화하고 있다.

한마디로 요약하자면, 일본의 대아시아 전후 처리는 한반도의 남북한에 대해서는 강화조약 제4조에 입각한 재산, 청구권의 틀로 해결을 보았고, 중국 - 대만에 대해서는 배상 청구권의 포기라는 방식으로, 동남아 제국에 대해서는 강화조약 제14조에 입각하여 배상 및 준배상을 제공하는 방식으로 종결지었다. 일본이 배상, 준배상, 청구권, 경제협력 등의 명목으로 아시아 국가들에 지출한 금액은 역사상 패전국이 제공한 배상금에 비한다면 아주 가벼운 것이었다. 또한, 일본이 제공한 전후 처리 비용은 철저하게 현금의 형태가 아닌 현물과 역무 방식으로 지출되어 이후 이 지역에 대한 일본 경제 진출의 토대가 되었다. 이렇게 일본이 유리한 조건에서 전후 처리를 마무리할 수 있었던 것은 전후 냉전체제의 도래 때문이었다. 미국은 새로운 적국으로 등장한 공산 소련과 중국에 맞서기 위해 패전국 일본의 배상 책임을 가능한 한 최소화하고 그 대신 경제 및 산업 재건을 후원하는 전략을 추진하였다. 전후 냉전체제의 급속한 확산과 이에 따른 미국의 동아시아 전략의 전환으로 말미암아 패전국 일본은 전쟁 배상의 막대한 부담에서 벗어나 오히려 경제 대국으로 도약할 수 있는 절호의 기회를 맞이하였다.

한일회담에 대한 균형 잡힌 해석과 공정한 평가를 위해서는 당시의 역사적 상황에 대한 올바른 이해가 그 전제조건이 되어야 한다. 무엇보다도 다음의 두 가지 조건 속에서 한국 정부가 일본을 상대로 외교 교섭을 벌였다는 점을 알아야 한다.

첫째, 한일회담의 출발점은 샌프란시스코 대일 강화조약이었다는 사실이다. 한국 정부는 이 강화조약에서 전승국의 지위를 획득하려고 각고의 노력을 펼쳤지만, 최종적으로는 좌절하고 말았다. 그 결과 일본에 막대한 배상, 보상을 요구하려던 애초의 계획은 재조정될 수밖에 없었다. 한국이 배상 권리를 향유하는 제14조 국에서 탈락함으로써 한일 간 전후 처리는 제4조에서 규정한 대로 재산청구권의 테두리 안에서 이루어지게 되었다. 이 점은 한일회담 내내 한국의 대일 협상력을 제약하는 변수로 작용하였다.

둘째, 당시 한일의 국력 차를 고려해야 한다. 외교는 상대가 있는 게임이다. 경제력으로 보면 1960년대 중반 한국은 1인당

국민소득이 100불이 안 되는 세계 최빈국의 하나였고, 일본은 이미 세계 제2의 경제 대국으로 성장해 있었다. 또한, 한국은 식민지와 전쟁의 폐허 위에서 수립된 허약한 신생국가에 불과했으나 일본은 메이지 유신 이래 탄탄하게 정비된 막강한 관료 조직을 지닌 강대국이었다. 이 상황에서 일본은 철저한 법률론과 증거론을 내세워 한국의 과거사 청산 요구를 철저히 차단하는 전략을 구사하였다.

이러한 여건 속에서 한국 정부는 14년간 일본과 '외교전쟁'을 벌인 것이다. 박 정부는 대일 교섭을 통해 일본으로부터 식민지 과거사 청산과 개발 자금의 획득 그리고 서측 진영의 결속을 통한 안전보장의 확보를 추구하려 하였다. 박 정부는 이 3가지 목표 중 경제적 이익 확보와 안보 이익을 우선하는 전략을 택하였다. 빈곤과 안보 위기를 탈출하기 위해서는 일본과의 국교 수립을 통해 경제개발 자금을 도입하고 미국으로부터 안보 공약을 공고히 하는 것이 우선적 국익이라고 박 정부는 판단하였다. 박 정부의 이러한 전략적 선택이 이후 한국의 고도 경제성장의 동력으로 작용했다는 점은 1950년대 배상 자금을 성공적인 경제개발로 연결시키지 못한 동남아의 국가들과 비교해 볼 때 대조적이라고 할 수 있다.

한편 경제와 안보 이익을 우선하는 과정에서 과거 청산 과제가 상대적으로 소홀하게 취급된 점은 한일회담의 최대 문제점으로 지적될 수 있다. 따라서 일제하 강제동원 피해자, 일본군'위안부'의 보상 문제 등 과거사 청산 문제가 오늘날까지도 여전히 한일관계를 짓누르게 된 원인을 제공한 것이 한일회담이었다고 볼 수 있다. 한일 과거 청산 문제는 당시의 한국 정부 못지않게 일본 정부의 책임이 크다는 점을 지적하지 않을 수 없다. 이렇게 보면 일본 정부도 이 문제와 관련해서는 실정 국제법이나 형식논리에만 집착하지 말고 일본군'위안부' 등 미해결 과거사 현안 해결에 적극적으로 나서 역사 화해에 동참하는 것이 바람직하다.

부록

한일회담 타결 시 채택된 1조약 및 4협정 전문

1. 대한민국과 일본국 간의 기본관계에 관한 조약

1965년 6월 22일 동경에서 서명

1965년 12월 18일 발효

대한민국과 일본국은 양국 국민관계의 역사적 배경과 선린 관계와 주권 상호 존중의 원칙에 입각한 양국관계의 정상화에 대한 상호 희망을 고려하며, 양국의 상호 복지와 공통 이익을 증진하고 국제 평화와 안전을 유지하는 데 있어서 양국이 국제연합 헌장의 원칙에 합당하게 긴밀히 협력함이 중요하다는 것을 인정하며, 또한 1951년 9월 8일 샌프런시스코우시에서 서명된 일본국과의 평화조약의 관계 규정과 1948년 12월 12일 국제연합 총회에서 채택된 결의 제195(Ⅲ)호를 상기하며, 본 기본관계에 관한 조약을 체결하기로 결정하여, 이에 다음과 같이 양국의 전권위원을 임명하였다.

대한민국	일본국
대한민국 외무부장관 이동원	일본국 외무대신 시이나 에쓰사부로오
대한민국 특명전권대사 김동조	다까스기 싱이찌

이들 전권위원은 그들의 전권 위임장을 상호 제시하고, 그것이 양호 타당하다고 인정한 후, 다음의 제 조항에 합의하였다.

제1조

양 체약 당사국 간에 외교 및 영사 관계를 수립한다. 양 체약 당사국은 대사급 외교사절을 지체 없이 교환한다. 양 체약 당사국은 또한 양국 정부가 합의하는 장소에 영사관을 설치한다.

제2조

1910년 8월 22일 및 그 이전에 대한제국과 대일본제국 간에 체결된 모든 조약 및 협정이 이미 무효임을 확인한다.

제3조

대한민국 정부가 국제연합 총회의 제195(Ⅲ)호에 명시된 바와 같이, 한반도에 있어서의 유일한 합법 정부임을 확인한다.

제4조

(가) 양 체약 당사국은 양국 상호 간의 관계에 있어서 국제연합 헌장의 원칙을 지침으로 한다.

(나) 양 체약 당사국은 양국의 상호의 복지와 공통의 이익을 증진함에 있어서 국제연합 헌장의 원칙에 합당하게 협력한다.

제5조

양 체약 당사국은 양국의 무역, 해운 및 기타 통상상의 관계를 안정되고 우호적인 기초 위에 두기 위하여 조약 또는 협정을 체결하기 위한 교섭을 실행 가능한 한 조속히 시작한다.

제6조

양 체약 당사국은 민간 항공운수에 관한 협정을 체결하기 위하여 실행 가능한 한 조속히 교섭을 시작한다.

제7조

본 조약은 비준되어야 한다. 비준서는 가능한 한 조속히 서울에서 교환한다. 본 조약은 비준서가 교환된 날로부터 효력을 발생한다.

이상의 증거로서, 각 전권위원은 본 조약에 서명 날인하였다.

1965년 6월 22일 토오쿄오에서 동등히 정본인 한국어, 일본어 및 영어로 본서 2통을 작성하였다. 해석에 상위가 있을 경우에는 영어본에 따른다.

대한민국을 위하여	일본국을 위하여
(서명) 이동원	(서명) 시이나 에쓰사부로오
김동조	다까스기 싱이찌

2. 대한민국과 일본국 간의 재산 및 청구권에 관한 문제의 해결과 경제협력에 관한 협정

1965년 6월 22일 동경에서 서명

1965년 12월 18일 발효

대한민국과 일본국은

양국 및 양국 국민의 재산과 양국 및 양국 국민 간의 청구권에 관한 문제를 해결할 것을 희망하고, 양국 간의 경제협력을 증진할 것을 희망하여, 다음과 같이 합의하였다.

제1조

1. 일본국은 대한민국에 대하여

(a) 현재에 있어서 1천 8십억 일본 원(108,000,000,000원)으로 환산되는 3억 아메리카합중국 불($300,000,000)과 동등한 일본 원의 가치를 가지는 일본국의 생산물 및 일본인의 용역을 본 협정의 효력 발생일로부터 10년 기간에 걸쳐 무상으로 제공한다. 매년의 생산물 및 용역의 제공은 현재에 있어서 1백 8억 일본 원(10,800,000,000원)으로 환산되는 3천만 아메리카합중국 불($30,000,000)과 동등한 일

본 원의 액수를 한도로 하고 매년의 제공이 본 액수에 미달되었을 때에는 그 잔액은 차년 이후의 제공액에 가산된다. 단, 매년의 제공한도액은 양 체약국 정부의 합의에 의하여 증액될 수 있다.

(b) 현재에 있어서 7백 20억 일본 원(72,000,000,000원)으로 환산되는 2억 아메리카합중국 불($200,000,000)과 동등한 일본 원의 액수에 달하기까지의 장기 저리의 차관으로서, 대한민국 정부가 요청하고 또한 3의 규정에 근거하여 체결될 약정에 의하여 결정되는 사업의 실시에 필요한 일본국의 생산물 및 일본인의 용역을 대한민국이 조달하는 데 있어 충당될 차관을 본 협정의 효력 발생일로부터 10년 기간에 걸쳐 행한다. 본 차관은 일본국의 해외경제협력기금에 의하여 행하여지는 것으로 하고, 일본국 정부는 동 기금이 본 차관을 매년 균등하게 이행할 수 있는 데 필요한 자금을 확보할 수 있도록 필요한 조치를 취한다. 전기 제공 및 차관은 대한민국의 경제발전에 유익한 것이 아니면 아니 된다.

2. 양 체약국 정부는 본 조의 규정의 실시에 관한 사항에 대하여 권고를 행할 권한을 가지는 양 정부 간의 협의기관으로서 양 정부의 대표자로 구성될 합동위원회를 설치한다.

3. 양 체약국 정부는 본 조의 규정의 실시를 위하여 필요한 약정을 체결한다.

제2조

1. 양 체약국은 양 체약국 및 그 국민(법인을 포함함)의 재산, 권리 및 이익과 양 체약국 및 그 국민 간의 청구권에 관한 문제가 1951년 9월 8일에 샌프런시스코우시에서 서명된 일본국과의 평화조약 제4조 (a)에 규정된 것을 포함하여 완전히 그리고 최종적으로 해결된 것이 된다는 것을 확인한다.

2. 본 조의 규정은 다음의 것(본 협정의 서명일까지 각기 체약국이 취한 특별조치의 대상이 된 것을 제외한다)에 영향을 미치는 것이 아니다.

  (a) 일방체약국의 국민으로서 1947년 8월 15일부터 본 협정의 서명일까지 사이에 타방체약국에 거주한 일이 있는 사람의 재산, 권리 및 이익.

  (b) 일방체약국 및 그 국민의 재산, 권리 및 이익으로서 1945년 8월 15일 이후에 있어서의 통상의 접촉 과정에 있어 취득되었고 또는 타방체약국의 관할하에 들어오게 된 것.

3. 2의 규정에 따르는 것을 조건으로 하여 일방체약국 및 그 국민의 재산, 권리 및 이익으로서 본 협정의 서명일에 타방체

약국의 관할하에 있는 것에 대한 조치와 일방체약국 및 그 국민의 타방체약국 및 그 국민에 대한 모든 청구권으로서 동일자 이전에 발생한 사유에 기인하는 것에 관하여는 어떠한 주장도 할 수 없는 것으로 한다.

제3조

1. 본 협정의 해석 및 실시에 관한 양 체약국 간의 분쟁은 우선 외교상의 경로를 통하여 해결한다.

2. 1의 규정에 의하여 해결할 수 없었던 분쟁은 어느 일방체약국의 정부가 타방체약국의 정부로부터 분쟁의 중재를 요청하는 공한을 접수한 날로부터 30일의 기간 내에 각 체약국 정부가 임명하는 1인의 중재위원과 이와 같이 선정된 2인의 중재위원이 당해 기간 후의 30일의 기간 내에 합의하는 제3의 중재위원 또는 당해 기간 내에 이들 2인의 중재위원이 합의하는 제3국의 정부가 지명하는 제3의 중재위원과의 3인의 중재위원으로 구성되는 중재위원회에 결정을 위하여 회부한다. 단, 제3의 중재위원은 양 체약국 중의 어느 편의 국민이어서는 아니 된다.

3. 어느 일방체약국의 정부가 당해 기간 내에 중재위원을 임명하지 아니하였을 때, 또는 제3의 중재위원 또는 제3국에 대하여 당해 기간 내에 합의하지 못하였을 때는 중재위원회는 양

체약국 정부가 각각 30일의 기간 내에 선정하는 국가의 정부가 지명하는 각 1인의 중재위원과 이들 정부가 협의에 의하여 결정하는 제3국의 정부가 지명하는 제3의 중재위원으로 구성한다.

4. 양 체약국 정부는 본 조의 규정에 의거한 중재위원회의 결정에 복한다.

제4조

본 협정은 비준되어야 한다. 비준서는 가능한 한 조속히 서울에서 교환한다. 본 협정은 비준서가 교환된 날로부터 효력을 발생한다.

이상의 증거로서, 하기 대표는 각자의 정부로부터 정당한 위임을 받아 본 협정에 서명하였다.

1965년 6월 22일 토오쿄오에서 동등히 정본인 한국어 및 일본어로 본서 2통을 작성하였다.

대한민국을 위하여	일본국을 위하여
(서명) 이동원	(서명) 시이나 에쓰사부로오
김동조	다까스기 싱이찌

3. 대한민국과 일본국 간의 일본국에 거주하는 대한민국 국민의 법적 지위와 대우에 관한 협정

1965년 6월 22일 동경에서 서명

1966년 1월 17일 발효

대한민국과 일본국은 다년간 일본국에 거주하고 있는 대한민국 국민이 일본국의 사회와 특별한 관계를 가지게 되었음을 고려하고, 이들 대한민국 국민이 일본국의 사회 질서하에서 안정된 생활을 영위할 수 있게 하는 것이 양국 간 및 양국 국민 간의 우호관계 증진에 기여함을 인정하여, 다음과 같이 합의하였다.

제1조

1. 일본국 정부는 다음의 어느 하나에 해당하는 대한민국 국민이 본 협정의 실시를 위하여 일본국 정부가 정하는 절차에 따라 본 협정의 효력 발생일로부터 5년 이내에 영주 허가의 신청을 하였을 때는, 일본국에서의 영주를 허가한다.

(a) 1945년 8월 15일 이전부터 신청 시까지 계속하여 일본국에 거주하고 있는 자.

(b) (a)에 해당하는 자의 직계 비속으로서 1945년 8월 16일 이후 본 협정의 효력 발생일로부터 5년 이내에 일본국에서 출생하고, 그 후 신청 시까지 계속하여 일본국에 거주하고 있는 자.

2. 일본국 정부는 1의 규정에 의거하여 일본국에서의 영주가 허가되어 있는 자의 자녀로서 본 협정의 효력 발생일로부터 5년이 경과한 후에 일본국에서 출생한 대한민국 국민이 본 협정의 실시를 위하여 일본국 정부가 정하는 절차에 따라 그의 출생일로부터 60일 이내에 영주 허가 신청을 하였을 때는 일본국에서의 영주를 허가한다.

3. 1(b)에 해당하는 자로서 본 협정의 효력 발생일로부터 4년 10개월이 경과한 후에 출생하는 자의 영주 허가 신청 기한은 1의 규정에도 불구하고 그의 출생일로부터 60일 이내로 한다.

4. 전기의 신청 및 허가에 대하여는 수수료는 징수되지 아니한다.

제2조

1. 일본국 정부는 제1조의 규정에 의거하여 일본국에서의 영주가 허가되어 있는 자의 직계 비속으로서 일본국에서 출생한 대한민국 국민의 일본국에서의 거주에 관하여는 대한민국 정부의 요청이 있으면 본 협정의 효력 발생일로부터 25년이 경과

할 때까지는 협의를 행함에 동의한다.

2. 1의 협의에 있어서 본 협정의 기초가 되고 있는 정신과 목적을 존중한다.

제3조

제1조의 규정에 의거하여 일본국에서 영주가 허가되어 있는 대한민국 국민은 본 협정의 효력 발생일 이후의 행위에 의하여 다음의 어느 하나에 해당되는 경우를 제외하고는 일본국으로부터의 퇴거를 강제당하지 아니한다.

(a) 일본국에서 내란에 관한 죄 또는 외환에 관한 죄로 인하여 금고 이상의 형에 처하여진 자(집행유예의 언도를 받은 자 및 내란에 부화수행한 것으로 인하여 형에 처하여진 자를 제외한다).

(b) 일본국에서 국교에 관한 죄로 인하여 금고 이상의 형에 처하여진 자, 또는 외국의 원수, 외교사절 또는 그 공관에 대한 범죄 행위로 인하여 금고 이상의 형에 처하여지고 일본국의 외교상의 중대한 이익을 해한 자.

(c) 영리의 목적으로 마약류의 취체取締에 관한 일본국의 법령에 위반하여 무기 또는 3년 이상의 징역 또는 금고에 처하여진 자(집행유예의 언도를 받은 자를 제외한다), 또는 마약류의 취체에 관한 일본국의 법령에 위반하여 3회(단, 본

협정의 효력 발생일 전의 행위에 의하여 3회 이상 형에 처하여진 자에 대하여는 2회) 이상 형에 처하여진 자.

(d) 일본국의 법령에 위반하여 무기 또는 7년을 초과하는 징역 또는 금고에 처하여진 자.

제4조

일본국 정부는 다음에 열거한 사항에 관하여 타당한 고려를 하는 것으로 한다.

(a) 제1조의 규정에 의거하여 일본국에서 영주가 허가되어 있는 대한민국 국민에 대한 일본국에 있어서의 교육, 생활보호 및 국민건강보험에 관한 사항.

(b) 제1조의 규정에 의거하여 일본국에서 영주가 허가되어 있는 대한민국 국민(동 조의 규정에 따라 영주 허가 신청을 할 자격을 가지고 있는 자를 포함함)이 일본국에서 영주할 의사를 포기하고 대한민국으로 귀국하는 경우의 재산의 휴행携行 및 자금의 대한민국에의 송금에 관한 사항.

제5조

제1조의 규정에 의거하여 일본국에서의 영주가 허가되어 있는 대한민국 국민은 출입국 및 거주를 포함하는 모든 사항에 관하여 본 협정에서 특히 정하는 경우를 제외하고 모든 외국인에게 동등히 적용되는 일본국의 법령의 적용을 받는 것이 확인

된다.

제6조

본 협정은 비준되어야 한다. 비준서는 가능한 한 조속히 서울에서 교환한다. 본 협정은 비준서가 교환된 날로부터 30일 후에 효력을 발생한다.

이상의 증거로서, 하기 대표는 각자의 정부로부터 정당한 위임을 받아 본 협정에 서명하였다.

1965년 6월 22일 토오쿄오에서 동등히 정본인 한국어 및 일본어로 본서 2통을 작성하였다.

대한민국을 위하여	일본국을 위하여
(서명) 이동원	(서명) 시이나 에쓰사부로오
김동조	다까스기 싱이찌

4. 대한민국과 일본국 간의 어업협정

1965년 6월 22일 동경에서 서명
1965년 12월 18일 발효

대한민국 및 일본국은 양국이 공통의 관심을 갖는 수역에서의 어업자원의 최대의 지속적 생산성이 유지되어야 함을 희망하고, 전기의 자원의 보존 및 그 합리적 개발과 발전을 도모함이 양국의 이익에 도움이 됨을 확신하고, 공해 자유의 원칙이 본 협정에 특별한 규정이 있는 경우를 제외하고는 존중되어야 한다는 것을 확인하고, 양국의 지리적 근접성과 양국 어업상의 교착으로부터 발생할 수 있는 분쟁의 원인을 제거하는 것이 요망됨을 인정하고, 양국 어업의 발전을 위하여 상호 협력할 것을 희망하여 다음과 같이 합의하였다.

제1조

1. 양 체약국은 각 체약국이 자국의 연안의 기선부터 측정하여 12해리까지의 수역을 자국이 어업에 관하여 배타적 관할권을 행사하는 수역(이하 "어업에 관한 수역"이라 함)으로서 설정하는 권리를 가짐을 상호 인정한다. 단, 일방체약국이 어업에 관

한 수역의 설정에 있어서 직선기선을 사용하는 경우에는 그 직선기선은 타방체약국과 협의하여 결정한다.

2. 양 체약국은 일방체약국이 자국의 어업에 관한 수역에서 타방체약국의 어선이 어업에 종사하는 것을 배제하는 데 대하여 상호 이의를 제기하지 아니한다.

3. 양 체약국의 어업에 관한 수역이 중복하는 부분에 대하여는, 그 부분의 최대 폭을 나타내는 직선을 이등분하는 점과 그 중복하는 부분이 끝나는 2점을 각각 연결하는 직선에 의해 양분한다.

제2조

양 체약국은 다음 각선으로 둘러싸이는 수역(영해 및 대한민국의 어업에 관한 수역을 제외함)을 공동규제수역으로 설정한다.

(a) 북위 37도30분 이북의 동경 124도의 경선.

(b) 다음 각 점을 차례로 연결하는 선.

 (ⅰ) 북위 37도30분과 동경 124도의 교점

 (ⅱ) 북위 36도45분과 동경 124도30분의 교점

 (ⅲ) 북위 33도30분과 동경 124도30분의 교점

 (ⅳ) 북위 32도30분과 동경 126도의 교점

 (ⅴ) 북위 32도30분과 동경 127도의 교점

 (ⅵ) 북위 34도34분30초와 동경 129도2분50초의 교점

 (ⅶ) 북위 34도44분10초와 동경 129도8분의 교점

(viii) 북위 34도50분과 동경 129도14분의 교점

(ix) 북위 35도30분과 동경 130도의 교점

(x) 북위 37도30분과 동경 131도10분의 교점

(xi) 우암령 고정

제3조

양 체약국은 공동규제수역에서 어업자원의 최대의 지속적 생산성을 확보하기 위하여 필요한 보존조치가 충분한 과학적 조사에 의거하여 실시될 때까지 저인망어업, 선망어업 및 60톤 이상의 어선에 의한 고등어 낚시어업에 대하여, 본 협정의 불가분의 일부를 이루는 부속서에 규정한 잠정적 어업 규제 조치를 실시한다("톤"이라 함은 총 톤수에 의하는 것으로 하며 선내 거주구 개선을 위한 허용 톤수를 감한 톤수에 의하여 표시함).

제4조

1. 어업에 관한 수역의 외측에서의 단속(정선 및 임검을 포함함) 및 재판 관할권은 어선이 속하는 체약국만이 행하며, 또한 행사한다.

2. 어느 체약국도 그 국민 및 어선이 잠정적 어업 규제 조치를 성실하게 준수하도록 함을 확보하기 위하여 적절한 지도 및 감독을 행하며, 위반에 대한 적당한 벌칙을 포함하는 국내 조치를 실시한다.

제5조

공동규제수역의 외측에 공동자원조사수역이 설정된다. 그 수역의 범위 및 동 수역 안에서 행하여지는 조사에 대하여는, 제6조에 규정되는 어업공동위원회가 행할 권고에 의거하여 양 체약국 간의 협의에 따라 결정된다.

제6조

1. 양 체약국은 본 협정의 목적을 달성하기 위하여 한일어업공동위원회(이하 "위원회"라고 함)를 설치하고 유지한다.

2. 위원회는 두 개의 국별 위원부로 구성되며 각 국별 위원부는 각 체약국 정부가 임명하는 3인의 위원으로 구성한다.

3. 위원회의 모든 결의, 권고 및 기타의 결정은 국별 위원부 간의 합의에 의하여서만 행한다.

4. 위원회는 그 회의의 운영에 관한 규칙을 결정하고 필요가 있을 때에는 이를 수정할 수 있다.

5. 위원회는 매년 적어도 1회 회합하고 또 그 외에 일방의 국별 위원부의 요청에 의하여 회합할 수 있다. 제1회 회의의 일자 및 장소는 양 체약국 간의 합의로 결정한다.

6. 위원회는 제1회 회의에서 의장 및 부의장을 상이한 국별 위원부에서 선정한다. 의장 및 부의장의 임기는 1년으로 한다. 국별 위원부로부터의 의장 및 부의장의 선정은 매년 각 체약국

이 그 지위에 순번으로 대표되도록 한다.

7. 위원회 밑에 그 사무를 수행하기 위한 상설 사무국을 설치한다.

8. 위원회의 공용어는 한국어 및 일본어로 한다. 제안 및 자료는 어느 공용어로도 제출할 수 있으며, 또한 필요에 따라 영어로도 제출할 수 있다.

9. 위원회가 공동의 경비가 필요하다고 인정할 때는 위원회가 권고하고 또한 양 체약국이 승인한 형식 및 비율에 따라 양 체약국이 부담하는 분담금에 의하여 위원회가 지불한다.

10. 위원회는 공동 경비를 위한 자금의 지출을 위임할 수 있다.

제7조

1. 위원회는 다음 임무를 수행한다.

(a) 양 체약국이 공통의 관심을 갖는 수역에서의 어업자원의 연구를 위하여 행하는 과학적 조사에 대하여, 또한 그 조사와 연구의 결과에 의거하여 취할 공동규제수역 안에서의 규제 조치에 대하여 양 체약국에 권고한다.

(b) 공동자원조사수역의 범위에 대하여 양 체약국에 권고한다.

(c) 필요에 따라 잠정적 어업 규제 조치에 관한 사항에 대하여 검토하고, 또한 그 결과에 의거하여 취할 조치(당해 규제 조치의 수정을 포함함)에 대하여 양 체약국에 권고한다.

(d) 양 체약국 어선 간의 조업의 안전과 질서에 관한 필요한 사항 및 해상에서의 양 체약국 어선 간의 사고에 대한 일반적인 취급방침에 대하여 검토하고 또한 그 결과에 의거하여 취할 조치에 대하여 양 체약국에 권고한다.

(e) 위원회의 요청에 의하여 양 체약국이 제공하여야 할 자료, 통계 및 기록을 편집하고 연구한다.

(f) 본 협정의 위반에 관한 동등한 형의 세목 제정에 대하여 심의하고 또한 양 체약국에 권고한다.

(g) 매년 위원회의 사업 보고를 양 체약국에 제출한다.

(h) 이외에 본 협정의 실시에 따르는 기술적인 제 문제에 대하여 검토하고 또한 필요하다고 인정할 때는 취할 조치에 대하여 양 체약국에 권고한다.

2. 위원회는 그 임무를 수행하기 위하여 필요에 따라 전문가로 구성되는 하부 기구를 설치할 수 있다.

3. 양 체약국 정부는 1의 규정에 의거하여 행하여진 위원회의 권고를 가능한 한 존중한다.

제8조

1. 양 체약국은 각각 자국의 국민 및 어선에 대하여 항행에 관한 국제 관행을 준수시키기 위하여 양 체약국 어선 간의 조업의 안전을 도모하고 그 정상적인 질서를 유지하기 위하여,

또한 해상에서의 양 체약국 어선 간의 사고의 원활하고 신속한 해결을 도모하기 위하여 적절하다고 인정하는 조치를 취한다.

2. 1에 열거한 목적을 위하여 양 체약국의 관계 당국은 가능한 한 상호 밀접하게 연락하고 협력한다.

제9조

1. 본 협정의 해석 및 실시에 관한 양 체약국 간의 분쟁은 우선 외교상의 경로를 통하여 해결한다.

2. 1의 규정에 의하여 해결할 수 없었던 분쟁은 어느 일방체약국의 정부가 타방체약국의 정부로부터 분쟁의 중재를 요청하는 공한을 접수한 날로부터 30일의 기간 내에 각 체약국 정부가 임명하는 1인의 중재위원과 이와 같이 선정된 2인의 중재위원이 당해 기간 후 30일의 기간 내에 합의하는 제3의 중재위원 또는 당해 기간 내에 이들 2인의 중재위원이 합의하는 제3국의 정부가 지명하는 제3의 중재위원과의 3인의 중재위원으로 구성되는 중재위원회에 결정을 위하여 회부한다. 단, 제3의 중재위원은 양 체약국 중의 어느 편의 국민이어서는 아니 된다.

3. 어느 일방체약국의 정부가 당해 기간 내에 중재위원을 임명하지 아니하였을 때, 또는 제3의 중재위원 또는 제3국에 대하여 당해 기간 내에 합의하지 못하였을 때는 중재위원회는 양 체약국 정부가 각각 30일의 기간 내에 선정하는 국가의 정부가 지

명하는 각 1인의 중재위원과 이들 정부가 협의에 의하여 결정하는 제3국의 정부가 지명하는 제3의 중재위원으로 구성한다.

4. 양 체약국 정부는 본 조의 규정에 의거한 중재위원회의 결정에 복한다.

제10조

1. 본 협정은 비준되어야 한다. 비준서는 가능한 한 조속히 서울에서 교환한다. 본 협정은 비준서가 교환된 날로부터 효력을 발생한다.

2. 본 협정은 5년간 효력을 가지며, 그 후에는 어느 일방체약국이 타방체약국에 본 협정을 종결시킬 의사를 통고하는 날로부터 1년간 효력을 가진다.

이상의 증거로서, 하기 대표는 각자의 정부로부터 정당한 위임을 받아 본 협정에 서명하였다.

1965년 6월 22일 토오쿄오에서 동등히 정본인 한국어 및 일본어로 본서 2통을 작성하였다.

대한민국을 위하여	일본국을 위하여
(서명) 이동원	(서명) 시이나 에쓰사부로오
김동조	다까스기 싱이찌

참고문헌

국민대학교 일본학연구소 편, 2010, 『외교문서 공개와 한일회담의 재조명 1: 한일회담과 국제사회』, 선인.

국민대학교 일본학연구소 편, 2010, 『외교문서 공개와 한일회담의 재조명 2: 의제로 본 한일회담』, 선인.

박진희, 2008, 『한일회담 제1공화국의 대일정책과 한일회담 전개 과정』, 선인.

이성, 2013, 「한일회담에서의 재일조선인의 법적지위 교섭: 1951~1965)」, 성균관대학교 박사학위 논문.

이원덕, 1998, 『한일과거사 처리의 원점: 일본의 전후처리 외교와 한일회담』, 서울대학교출판부.

이원덕 외, 2016, 『한일국교정상화 연구』, 대한민국역사박물관.

장박진, 2009, 『식민지 관계 청산은 왜 이루어질 수 없었는가: 한일회담이라는 역설』, 논형.

장박진, 2014, 『미완의 청산: 한일회담 청구권 교서의 세부 과정』, 역사공간.

유의상, 2016, 『대일외교의 명분과 실리: 대일청구권 교섭과정의 복원』, 역사공간.

유의상, 2016, 『13년 8개월의 대일협상: 한일회담, 어떻게 평가할 것인가?』, 역사공간.

李東元, 1997, 『韓日条約締結秘話 - ある二人の外交官の運命的出会い』, PHP研究所.

李鍾元・木宮正史・浅野豊美編著, 2020, 『歴史としての日韓国交正常化(Ⅰ): 東アジア冷戦編』, 法政大学出版会.

李鍾元・木宮正史・浅野豊美編著, 2020, 『歴史としての日韓国交正常化(Ⅱ): 脱植民地化編』, 法政大学出版会.

嚴泰奉, 2016, 「日韓文化財問題の構造と限界__1951~1965年」, 東北大学法学部博士論文.

太田修, 2005, 『新装新版 日韓交渉: 請求権問題の研究』, クレイン.

金恩貞, 2018, 『日韓国交正常化交渉の政治史』, 千倉書房.

高崎宗司, 1996, 『検証: 日韓会談』, 朝日文庫.

朴敬珉, 2018, 『朝鮮引き上げと日韓国交正常化交渉への道』, 慶応義塾大学出版会.

趙胤修, 2008, 『日韓漁業交渉の国際政治: 海洋秩序の脱植民地化と「国益」の調整』, 東北大学法学部博士論文.

吉澤文寿, 2015, 『新装新版 戦後日韓関係―国交正常化交渉をめぐって』, クレイン.

吉澤文寿, 2015, 『日韓会談: 戦後日韓関係の原点を検証する』, 高文研.

찾아보기

4·19혁명 76, 77
4·3 합의 요강 157, 161, 162
5·16 군사정변 78, 80, 87
8개 항목 22, 31~33, 69, 87~89, 91, 94, 114, 164

ㄱ

경제협력 방식 87, 127, 128, 165
고사카 76~81, 100, 105, 106, 116~122, 147
구보다 51, 53~60, 62, 70
구보다 발언(구보다 망언) 52~54, 56, 60~65, 69~72
군사정권 98~102, 105, 106, 108, 115, 120, 125, 167
기본관계 28 42, 51, 56, 79, 146, 150, 151, 154, 168, 169, 178
기시 64~67, 71~73, 76, 101, 102, 109, 110, 126
김동조 152, 162, 163, 178, 180, 185, 190, 198
김-오노 회담 144
김-오히라 메모 127, 133, 139~145, 160, 167

김-오히라 회담 132, 133, 135, 137, 143, 144, 165
김용식 51, 56, 60, 62, 63, 98
김유택 104, 105, 116

ㄷ

다나카 124, 126, 161
다카스기 163
대일 청구권 요강 22, 69, 87, 164
대일배상요구조서 16, 17, 21, 31, 32, 68
대장성 116, 121, 122, 124, 161, 166
독도 영유권 118, 121

ㄹ

라이샤워 131
러스크 101, 102, 131, 136

ㅁ

문철순 92, 94, 116, 150
미군정 법령 제33호 33, 54, 58

ㅂ

박-이케다 회담 107, 109

박정희 99, 104, 108, 109, 166
배의환 107, 116, 127, 129
부산적기론 102

ㅅ

사와다 79
샌프란시스코 강화조약 21, 23, 33, 37, 68, 69, 118
선박위원회 27, 85
스기 107, 109, 116, 118, 123~125, 127, 128
시이나 146~150, 154, 155, 157, 161~163, 168, 169, 178, 180, 185, 190, 198

ㅇ

아이젠하워 49, 66, 72
양유찬 25, 26
역(逆)청구권 30, 35~40, 47, 48, 61, 64~66, 69, 70, 72
예비회담 23, 25, 28, 77~79, 98, 130, 134
오노 109, 126, 144
오히라 100, 124~127, 131~145, 160, 166, 167
외무성 39, 51, 62, 93, 98, 100, 101, 104, 116, 117, 121, 122, 125, 127, 137, 149, 166
외상 회담 77, 114, 116, 117, 120, 123, 126, 128, 154, 155, 161, 165, 166
요시다 36, 37, 49, 50, 63, 64, 69~71, 123, 148
윌리엄 시볼드 24
유엔 49, 81, 82, 153, 155
유엔 결의 195(3)호 153, 169
유진오 24, 27, 79
육전의 법규 관례에 관한 조약(헤이그 육전법규) 34
이구치 사다오 25
이동원 154~156, 159~161, 163, 169, 178, 180, 185, 190, 198
이동환 99, 102, 104, 107
이세키 98, 102, 107, 112, 116, 123, 125, 130
이승만 16, 17, 21, 25, 26, 37, 48~50, 64, 68, 69, 71, 73, 76, 78, 84, 100, 104
이케다 76, 80~82, 99~101, 105, 107, 108~111, 113, 115, 116, 122~124, 126, 127, 133, 143~145, 165, 166
일한문제간담회 104, 112, 124

ㅈ

자민당 67, 73, 98, 101, 102, 104~106, 109, 110, 112, 119, 122, 124, 126, 144, 156, 166
장면 76, 77, 82, 98

재산청구권위원회 30, 33
재일 한국인의 법적 지위 24, 25, 27, 28, 51, 56, 79, 82, 108
전쟁 배상 16, 21, 31, 32, 68, 171, 173
정일형 77
정치회담 108, 114~117, 123, 125~127, 130, 132, 165, 166
제1차 회담 28, 30, 35, 36, 39, 40, 42, 47~50, 61, 69, 79, 87, 107, 136, 139
제2차 회담 50, 51
제3차 회담 52, 53, 62, 118
제4차 회담 79, 85
제5차 회담 78, 80, 87, 92, 94, 98
제6차 회담 20, 104, 107, 108, 114, 159, 164
제7차 회담 47, 146, 148, 159, 168
중일전쟁 17, 19, 32

ㅊ

청구권 32~41, 43, 45, 51, 53, 54, 56, 61, 62, 65, 66, 69~72, 79, 82, 83, 84, 87~89, 91~94, 98, 104~106, 108~122, 125~139, 141~145, 149, 157, 160, 164~167, 169, 171~173, 181, 183, 184
최-고사카 회담 119
최덕신 99, 116

ㅋ

카이로선언 18, 53, 55, 57, 59, 61
클라크 라인 49, 51

ㅌ

태평양전쟁 17, 19, 32

ㅍ

평화선 48, 51, 52, 64, 66, 71, 72, 83, 84, 86, 105, 108, 110~111, 158
포츠담선언 18, 55, 57~59, 61

ㅎ

하토야마 64, 71
한일 간 재산청구권 협정 요강 8개 항 (8개 항목) 30, 31
한일 간의 기본조약안 43
한일 간의 기본적인 관계를 설정하는 조약 45
한일조약 157, 169, 170
한일합병조약 45
한일회담약기 56
홍진기 54

동북아역사재단 교양총서 26

한일회담

제1판 1쇄 발행일 2022년 7월 15일

지은이 이원덕
발행인 이영호
발행처 동북아역사재단

출판등록 제312-2004-050호(2004년 10월 18일)
주소 서울시 서대문구 통일로 81 NH농협생명빌딩
전화 02-2012-6065
팩스 02-2012-6186
홈페이지　www.nahf.or.kr
제작·인쇄　청아출판사

ISBN 978-89-6187-738-1 04910
　　　978-89-6187-406-9 (세트)

* 이 책은 저작권법으로 보호를 받는 저작물이므로 어떤 형태나 어떤 방법으로도
  무단전재와 무단복제를 금합니다.
* 책값은 뒤표지에 있습니다. 잘못된 책은 바꾸어 드립니다.